JN408765

남새밭의
이야기꾼

남새밭의 이야기꾼

박정희 수필집

해암

『남새밭의 이야기꾼』을 내놓으면서

어쩌다가 이런 인연을 만났는지…….

글쓰기가 자신을 바라보는 일이고 보면 지나온 시간들이 울컥울컥 솟구칩니다. 그 상황이 안타까워 행간을 이리저리 비집어 보지만 어징찡할 때가 자꾸 늡니나. 왜 섭 없이 달려들었을까요?

한 여름날 등골에 찾아온 바람 한 줄로 가을 냄새를 맡았는가 봅니다. 어설프지만 마음 깊숙이 자리하고 의식을 조종해 오는 힘 탓이라 이르기도 뭣합니다만, 이 길에 들어선 이상 선불리 내려설 생각은 없습니다. 아직은 맨날 머리를 흔들며 아니라고 소리치고 있으나 어느 날 문득 끄덕여질 때를 기도하렵니다.

남새밭은 우리들이 살아가는 세상입니다. 서로 다른 잣대를 가졌음에도 불구하고 그런대로 어울려 살아가는 우리들의 모습일 거라 생각해봅니다. 좁다면 좁지만 많은 생명체들이 살아가는 터전인지라 마치 비행기속에서 내려다 본 동네모습처럼 소중하지 더 넓은 밭이 부럽지 않습니다. 허락된 작은 공간에서 새 촉을 찾고 함께 행과 복을 가꾸어봐야겠다는 야무진 생각까지 해 봅니다.

글을 쓰는 일은 다름 아닌 자기 성찰이라 믿는 까닭입니다. 세상의 거울로 늘 자신을 바라보면서, 작은 미소로 행복을 크게 느껴보렵니다.

2015년 시월의 어느 멋진 날에 **박정희** 씁니다.

| 차 례 |

1_ 열다섯 개의 창은 한 그림이다

2_ 적과의 동침

3_ 나방과 하룻밤을

4_ 해병대 용사

5_ 천성과 습성 사이

1
15개의 창

이 세상에 변하지 않는 것은 없다. 단, 변하지 않는 것이 있다면
“이 세상에 변하지 않는 것은 없다” 라는 명제뿐이다.

– 다니엘 벨

거울 앞에 서서

"당신은 오늘 당신을 책임질 사람을 보고 있습니다."

공용 화장실 거울에 붙여진 문구이다. 손을 씻으며 건성으로 힐끗 쳐다본 거울이 낯익은 여자에게 묻는다. 스스로 책임져야 할 얼굴을 알고 있느냐고. 누구에게도 미룰 수 없는 자신의 상징을 잘 관리하고 있느냐고. 나날이 각이 더해지는 모습을 제대로 느끼고 있느냐고.

거울 속 여자는 세상이 주는 대로 얼굴에 담아온 모양이다. 마음씨 좋은 아줌마처럼 씨익 웃어 보려 해도 푸근하기는 고사하고 냉기마저 돈다. 보는 것을 좀 줄이라는 뜻인지 눈꺼풀이 제법 처져 내려왔음에도 눈빛은 날이 서 있다. 그뿐이 아니다. 세상에 대한 불만을 죄다 입꼬리에 쌓았는지 불퉁해 보인다. 연둣빛 시간이 없지 않았는데 억새 이파리처럼 찬바람에 나부끼며 산 시간이 더 진하게 저장되었나. 두 손바닥에 싸이는 작은 면적에 수십 년의 시간을 한순간도 내치지 않고 고스란히 새겨 넣었나 보다. 블랙박스 같은 존재이다.

엉거주춤하며 궁색한 변명이라도 찾고 있는데 킬힐을 신은 아가씨가 옆에 선다. 그녀는 손을 씻는 일보다는 거울 속 자신의 표정을 살피는데 더 마음을 쏟는다. 손끝을 모아 볼을 톡톡톡 두드리다가 입을 좌우로 늘여보기도 하고 눈에 힘을 주면서 전체 얼굴을 요모조모 확인한다. 굳이 거울을 보고 매만지지 않더라도 복사꽃인데 말이다.

환한 색감과 탱탱한 질감을 따라가다 눈길을 슬쩍 내려놓는다. 다행히도 내 시선이 들키지는 않았지만 내심 무안했다. 거울 앞에서 시간을 좀 투자해야 할 나이에도 그냥 지나쳐 왔던 낡은 표정은 거울 너머에서 의식적으로 자신을 살피는 아가씨의 일거수일투족에 주눅이 든다. 온종일 눈에 보이는 것만 쫓아다닌 어정잡이 상이 오늘따라 더 처연해 진다. 잠시면 족할 시간을 내지 못했다기보다는 무관심하며 자신을 살펴야할 순간을 대충 건너뛰었다는 말이 더 옳지 싶다. 허둥지둥 사는 습관이 갑자기 새끼줄처럼 마음을 꼬여온다.

다시 웃음을 머금어 본다. 입꼬리를 길게 늘이며 안면근을 이리저리 움직여봤자 냉랭한 표정은 거기서 거기다. 모양새가 어색하여 멀뚱거리는데 거울 속에서 서정주 시인의 누님이 건너온다. 서정주 시인은 국화를 보며 그립고 아쉬움에 가슴 조이던 머언 먼 젊음의 뒤안길에서 인제는 돌아와 거울 앞에 선 내 누님 같이 생긴 꽃이라 하지 않았나. 누님은 어떤 모습으로 거울을 보고 있었을까. 국화같은 표정이면 세상의 달고 쓴 맛에 달관한 모습일까. 예리한 모서리에 부딪혀 초점을 잃은 표정일까. 촌음이라도 허투루 버릴 수 없는 삶의 자락들을 묻은 근엄한 얼굴일지도 모른다.

그날 이후 얼굴을 자주 보려한다. 오늘 거울은 세수를 해서 그런지, 화장품을 차례로 발라줘서 그런지, 안경을 벗고 봐서 그런지 그런대로 박한 점수는 아니다. 엘리베이터에 붙은 거울이 전에 없이 '나 좀 봐라' 하며 자신의 존재감을 강조한다. 옷매무새를 고치기보다는 마음이 묻어있는 낯빛을 살피며 얼른 매너 모드로 다잡는다. 어두컴컴한 지하철의 유리창에 비친 안색은 한 수 더 뜬다. 맹물같은 표정과 초점없는 눈길이 낯설다. 스스로도 반갑지 않은 얼굴로는 잘 살고 있다고 주장할 자신이 없다. 마음 단속이 필요한지, 표정 관리가 필요한지 모르겠다.

가끔씩 절에 가면 부처님의 표정을 살피곤 한다. 법당에 들어서면 반배를 하고 고개를 들면서, 잘못을 저지르고 눈치를 살피는 아이처럼 불단 위의 부처님을 쳐다본다. 부처님은 내가 법당을 찾은 이유를 알아차리고 자비롭게 내 마음을 다독거려 주면 좋으련만 대개는 그 반대이다. 그나마 애매한 미소가 보이는 날에는 표정을 펴보이려 열심히 변명거리를 둘러대며 절을 한다. 위로 받고 싶고, 응석이라도 부리고 싶던 마음을 오히려 냉엄하게 꾸짖을 때는…….

부처님의 표정은 거울 중의 거울이다. 한참 절을 하다 다시 슬쩍 쳐다본다. 여전히 꽉 다문 입과 내리뜬 눈이 무겁다. 주변을 원망하기보다는 변변치않은 내 그릇을 바로 보라고 말씀하시려나 보다. 그제야 마음에 걸려있던 지나온 시간을 주섬주섬 들먹이면서 인상을 펴주시길 기도한다. 처음부터 받아들이지 못하고 내 욕심 대로 세상을 돌리려던 나는 산사를 내려오는 발걸음이 더 무거워진다.

얼굴은 내 것이면서도 내 것이 아니다. 이름 석 자를 떠올리면 무엇보다도 얼굴이 다가선다. 그 어느 순간 입력된 표정과 함께 이미 지인의 기억 속에 저장된 이미지는 내 재주로는 편집이 불가할 뿐더러 누구에게 수정을 부탁할 수도 없지 않은가. 늦었지만 짬짬이 거울을 보며 조금 더 부드러운 표정으로 갈무리해야겠다.

나는 오늘 손거울을 샀다. 늘어나는 골의 깊이를 재려는 생각은 없다. 얼굴은 내 것이면서도 나보다 타인이 더 잘 알고 있는 것이기에 관리가 필요하다는 것을 이제야 깨달은 때문이다. 보는 둥 마는 둥 홀대하는 내 행동을 보고 거울은 뭐라 말하고 싶을까. 손거울 속 여자는 아직도 초점없는 눈으로 나를 본다.

"거울아, 거울아, 이 세상에서 거울 안보는 여자는 누구지?"

그럼에도 불구하고

다해봐야 두 평 남짓한 땅이다. 문짝 두 개를 붙인 크기에 불과한 밭이지만 심고 싶은 작물은 많다. 땅기운이 돌아서면 열무, 얼갈이 배추, 가지, 방울 토마토, 상추, 고추 등 땅바닥을 차지하는 농작물뿐만 아니라 울타리에 오이, 수세미, 여주, 호박 넝쿨까지 올려보고 싶다.

지난해 농사짓는 맛을 보았다. 난생 처음 심어본 고추모종은 초보 농사꾼을 많이 가르쳤다. 대롱대롱 달리는 고추는 농약이나 비료 한 순갈 없이도 씩씩하게 잘 자랐고 갖가지 모종은 제 나름의 방식으로 몸집을 키워갔다. 생기발랄한 모습으로 하루가 다르게 키를 키우고 가지를 쳤고 가물거나 장마가 져도 벌레조차 타지 않고 잘 견뎌내는 모습이 여간 대견스럽지 않았다. 아마도 그 덕에 다시 용기를 냈을 터이다.

첫 경험이란 뭐든지 나이에 관계없이 마음을 설레게 하는 모양이다. 새로운 시도는 기대하는 만큼 기쁨을 맛보게 하고 고마운 마음까지 얹어 준다. 농사랄 것도 없이 소꿉놀이 수준이었지만 작물은 눈을 주면 그만큼 되돌아오는 반응을 보였다. 움이 트고 잎을 키우고 꽃을 피워 열매를 매달아가는 과정을 지켜보면서 어쩌면 스스로 세상에 온 이유를 알고 묵묵히 수행하는 수도자처럼 거룩해 보일 때도 있었다. 시장에 가면 흔한 작물일 뿐이지만 자라는 과정을 지켜본 푸성귀는 그 흔한 채소가 아니다. 입에 담기보다 그대로 두고 눈에 담고 싶었다. 작물을 기른 살가운 마음과 뿌듯한 기분을 은근히 자랑하고 싶어 이웃에 나누었지만 그 마음을 알 까닭이 없는 그들에겐 진열대 위의 채소에 불과했다.

작물도 나름의 성정이 있다. 식물이라 해도 씨앗 속에 든 유전자대로 살아가는 모양이다. 열무는 아무리 자라도 무가 될 수 없다. 계속 이파리만 키워갈 뿐, 뿌리를 튼튼하게 만들지 않는 것이 자신의 역할에 순응하는 또 다른 모습이다. 무는 잠잘 때 이불을 걷어차는 개구쟁이처럼 웃 흙을 아무리 덮어줘도 어느 사이에 뿌리의 위쪽은 흙밖에 드러내 초록빛을 머금고 자란다. 씨앗은 비슷하게 생겨도 삶의 여정은 각각이다.

아무리 생각해도 밭뙈기가 작았다. 성에 차지 않는 손바닥만 한 밭에 이것저것을 심다 결국 밭 주변을 넓혀야겠다는 생각이

들었다. 돌을 골라내고 괭이질을 하면서 또 꿈에 부푼다. 무엇을 심을까 고민하다가 아무래도 성미가 무던한 배추가 제격일 것 같아 골을 타고 씨앗을 흩어뿌렸다. 물을 주면서 언감생심 노란 속이 꽉 찬 가을배추까지 기대하면서.

배추는 금방 싹을 틔웠다. 작년 가을 씨를 뿌리고 일주일이 지나도록 변화가 없어 애태우던 시금치에 비해 착해 보였고, 겸손해 보였다. 물도 챙겨 주고 자주 격려해 주는 초보 농사꾼의 정을 봐서라도 어서 몸집을 키워낼 것이라 믿었다. 씨앗도 우람한 덩치를 그리며 나름으로는 열정적인 삶을 꿈꾸 듯이 보일 때도 없지 않았다.

배추는 발아할 때의 마음과는 달리 자라는 속도가 점점 무뎌갔다. 때때로 밭가에 쪼그리고 앉아 척박한 환경에 대한 그들의 하소연을 들어야만 했다. 척박한 흙에서 얻어낼 양분이 없다는 것이다. 햇빛과 수분만 있으면 잘 자랄 줄 알았던 나에게 발아한 촉은 '심은 대로 거두리라.' 는 엄연한 진리를 가르쳐 주려는가 보다. 처음에는 뽀독뽀독 자라는 모습이 안타까워 더 자주 찾아가 용기를 주려했던 나도 얼마못가 발걸음이 뜸해지기 시작했다. 매일 가던 것이 이삼일로, 다시 일주일로…. 주는데 익숙하지 못한 성격을 스스로 탓해도 남새밭은 내 관심 밖으로 슬슬 밀려나고 말았다. 세상사 모두가 먼저 주어야 받는 것일까. 받아야 주어지는 것일까.

한 달이나 지났을까. 다시 찾은 남새밭의 배추는 예나 다름없이 끙끙대고 있었다. 흙이 워낙 생 속인지라 호응이 어려웠나 보다. 자세히 보니 제대로 자라지 못한 배추들이 바람과 햇살을 견뎌내느라 두꺼워지고 세어져 야들거릴 법한 어린잎은 보이지 않는다. 게다가 벌레가 보이지 않는데도 잎마다 크고 작은 구멍이 송송 뚫려 있다. 힘차게 살 것으로 기대했던 배추는 성한 잎 하나 없이 죄다 벌레의 먹이로 전락하였고, 삶을 포기하기도 못한 채 시간을 보내고 있었다.

배추의 한살이도 애초 생각한 대로 살아지지 않는 우리의 삶과 별반 다르지 않다. 다행히도 거름기가 많은 흙을 만나면 본성대로 씩씩하게 살아지겠지만 부박한 인연을 만나면 참고 견디며 살아야 할 따름이다. 살다가 굴곡이 간다 해도 나름의 역할에 충실해야한다. 욕심낸다고 뜻대로 되지 않을뿐더러 휘어지고 굽어진다고 포기할 것도 아니라는 것을 나에게 가르치기 위해 저런 모양새로 버티고 있는 것은 아닐까.

내가 아는 대로, 내가 하고 싶은 대로, 내게 주어지지 않는다. 그저 예정된 길은 있고 그 길로 가게 되어있을 뿐이다. 올해 수확은 별로였지만 나에게 가르친 바는 적지 않다. 내년에는 또 무엇을 심어 새로운 배움을 찾을까나.

안경을 벗으며

"노안이 왔으니 적응해야겠네요."

"아니, 노안이라니, 무슨 사십대 초반에 노안이에요."

그때까지 나는 환갑은 넘겨야 노안이 찾아오는 줄 알고 있었다. 일격을 당해 한 옥타브 올라간 내 목소리의 기를 꺾을 요량인지 의사는 한 술 더 뜬다.

"지금까지 편하게 지냈으니 불편하더라도 참아야지요."

남의 일 같았던 노안이 찾아왔다. 불청객이 다가온다는 낌새가 없지는 않았다. 언제부터인가 모르지만 멀리 보든 가까이 보든 뭔가 마뜩찮았다. 피곤해서 그러려니 위로하며 끔벅거리면 그런대로 보였고, 찡그리면 더욱 잘 보였다. 눈 하나만은 제대로 타고 났다고 뻐기며 안경 낀 친구들의 시력에 참견하던 나로서는 현실을 받아들이기가 쉽지 않았다. 의사의 어깃장에 풀이 죽은 채 걸어 나온 병원 밖에는 봄철답지 않게 안개비가 뿌

옇게 내리고 있었다.

그날을 기점으로 눈에 좋다는 처방을 찾기 시작했다. 안약을 챙기면서 화장대와 식탁 위에는 크고 작은 안약병이 하나 둘 늘어났다. 당근을 가는 믹스기 소리에 깨어난 가족들은 부산스러운 내 행동을 호기심으로 지켜보았다. 내 극성은 매일 새로운 방식을 보탰다. 눈동자를 좌우로 돌리거나 초록나무마다 시선을 꽂으며 시력의 회복을 기대했다. 하지만 애쓴 보람도 없이 눈을 찡그리는 빈도는 늘어만 갔다.

어쩔 수 없이 안경에 의탁하기로 했다. 먼 것을 볼 때는 원시용 안경을, 가까운 것을 볼 때는 돋보기로 바꿔 썼다. 눈앞이 한결 시원스럽게 뚫렸다. 왜 진작 안경을 쓰지 않았는지 후회되면서 과학적인 처방이 민간요법보다 더 효과가 있다는 생각에 마음이 한동안 가벼워졌다.

생각지도 않은 또 다른 불편이 기다리고 있었다. 안경을 콧등에 얹는 무게가 거추장스러웠고 두 개의 안경을 번갈아 쓰고 벗는 일이 성가셨다. 무엇보다도 내 겉모습이 반노인으로 보일 것만 같았다. 속상하고 애꿎은 세월은 자꾸 흘렀다.

그러기를 십여 년이 지났다. 시력이 약해지다 못해 이제는 동공까지 겹투정을 부린다. 잠을 적게 잔 날이거나 피곤하면 영락없이 안구가 따가워지고 초점이 흐려지는 건조증이 내방했다. 그때서야 안경점에 내걸린 '몸이 천 냥이면 눈은 구백 냥' 이라는 광고가 내 시야에 들어왔다.

눈의 반란이 본격화되면서 '본다'는 것의 의미를 다시 생각하게 되었다. 오로지 육안에 비위를 맞추려는 내 태도를 미심쩍어하면서 제대로 본다는 것이 어쩌면 시력과 상관이 없을 수도 있다는 데 생각이 미쳤다. 보는 것과 보이는 것이 다르지 않을까. 나아가 시력을 해석하는 길이 달리 있을 법도 했다.

눈을 마음의 창이라고 한다. 마음먹기에 따라 동일한 대상도 달리 보인다는 뜻일게다. 그렇다면 대상에 따라 눈 씀씀이가 달라야 하지 않을까. 하루 일과를 안경을 쓰고 할 일과 안경 없이 해도 될 일로 나누어 보았다. 식사준비나 신문을 읽을 때는 안경을 쓰고, 집안청소나 손빨래는 안경을 벗고 해도 별로 어려움이 없었다. 사리를 따지고 분명하게 줄긋기를 해온 처신들이 능사가 아니었다는 생각마저 든다. 숲이 아니라 나무에 무게를 더 싣는 격이랄까.

나는 요즘 일부러 안경을 벗어본다. 차를 운전할 때 안경을 벗으면 시야는 흐려지지만 마음은 느긋해진다. 전과 달리 가속페달에 힘이 덜 들어가고 핸들을 조심스럽게 돌리는 풋내기 운전수로 되돌아간다. 좌우 백미러를 곁눈질하며 남의 차 앞에 잽싸게 끼어들던 악습은 꿈도 꾸지 못한다. 영화를 볼 때면 화면

보다 음향에 마음을 더 주는 멋을 부려본다. 온통 화면에 지배를 받던 감각이 약간 풀려나 느슨해진다.

무엇보다도 뒷산에 오를 때는 안경을 쓰지 않는다. 초록은 잎이요, 뻗은 것은 가지다. 색이 어눌하니 소리가 다가선다. 찌르찌르 찌르륵. 찌익~ 찍. 끼륵 끼르. 휘이익. 호르르르. 지금껏 들리지 않던 산새와 풀벌레들의 소리를 숲 입구부터 주워 담는다. 눈에 보이지 않아도 자신의 존재를 전하는 그들의 소리를 나지막하게 흉내 내며 장단을 맞추어본다. 누군가 나를 기다리기라도 하듯 허겁지겁 고갯마루까지 오르는 발걸음도 한 발짝 한 발짝 힘을 실으면서 숲속의 오케스트라에 리듬을 탄다. 지금껏 숲은 내 오감에 신호를 보냈음에도 유독 보는 것에만 의존해온 방식을 되돌아보는 시간인 셈이다.

나이를 먹으면 비우라고 말한다. 그러나 나는 나이를 먹으면 적게 보라고 말하고 싶다. 안경을 쓰고 알뜰살뜰 본다고 해도 못 보는 것이 얼마나 많을 터인데. 더러는 안 보이는 것도 제대로 보는 것이리고 억지 아닌 억지도 부려본다.

안경을 벗고 바라보는 세상은 새삼 편안하다. 무엇보다 사사건건 알려는 관심이 줄어든다. 젊을 때는 세상 모서리까지 제대로 봐야 속이 풀렸다면 지천명쯤에는 대충대충 보는 것도 웰빙 처세법에 속할 거라 스스로 위로하면서.

세상의 저울은 어디서나 누구에게든 공평하다. 근시였던 친구들은 지금은 맨눈으로 신문을 본다. 이젠 입장이 바뀌어 내가 그들에게 신문기사를 읽어달라고 부탁하는 처지가 되었다. 한 동안 오르막을 즐겼으면 내리막도 당연하게 받아들일 수밖에. 새옹지마를 알지 못해 안달복달하던 지난날이 새삼 민망해진다.

오늘 따라 초록 능선이 조금은 흐릿하지만 한결 부드럽게 다가온다.

열다섯 개의 창은 한 그림이다

세상이 덜 깬 시간이다. 일요일 꼭두새벽부터 희뿌연 연기가 쉼없이 산등성이를 타고 오른다. 옷깃을 파고드는 한기를 막으려 자라처럼 목을 움츠리지만 시선은 부지런한 그 움직임에 머물러 있다. 바람 한 점 없는데도 제 갈 곳 찾아가는 모양에 눈을 못 떼는 것은 스멀스멀 피어오르는 형상에 바삐 가는 누군가의 뒷모습이 그려지기 때문이다.

우중충한 날씨만큼이나 무거운 시간이다. 모두가 자신의 그림자를 얼굴에 실은 탓인지 태산을 짊어진 사람처럼 굳은 표정을 하고 있나. 자불거리는 아이 하나 없이 묵묵히 마지막 배웅을 한다. 그들은 가슴속에는 제각각의 크기와 무게가 다른 정한의 덩어리를 끌어안고 있을 터이다. 남의 일일 때는 죽고 사는 일이 종이 한 장 차이라며 대범한 척하지만 정작 피붙이를 떠나보내는 사람들에게서 그 안타까움의 크기를 어찌 잴 수 있겠는가.

회자정리會者定離의 순간이다. 왔던 곳으로 되돌려 보내는 시간. 영과 육을 분리하는 자리. 죽은 자와 산 자를 가르는 화장장은 고인이 남녀노소 누구든 간에 똑같은 절차를 밟는다. 여기서는 '얼마나 멋진 인생을 살았느냐.' 나 '얼마나 높은 자리를 차지했는가.' 에 따라 다르지 않다. 모니터의 마무리 작업 또한 모두에게 공평하다. 순순히 따르지 않을 수 없는 과정이기도 하다. 열다섯 개의 모니터는 각각의 예정된 시간에 맞춰 시신을 밀어 넣는 과정을 여과 없이 보여주며 마지막 이별을 안내한다.

모니터는 떠나보내는 작업을 진행한다. 자막이 '아무개 준비중' 이더니 금방 '화장 중' 이라는 말로 바꿔치기 된다. 이어서 '삼가 고인의 명복을 빕니다.' 라는 문구만 간간이 반복할 뿐이다. 열다섯 개의 창 너머는 한 곳도 쉬지 않고 두어 시간 남짓한 동안 연기와 한 움큼의 재를 만든다. 부지런히 돌아가는 중이다.

대합실은 말 그대로 북새통이다. 혈육을 배웅하는 상주들은 단말마의 비명을 지르면서도 화면에서 눈을 떼지 못한다. 천정을 찌를 듯한 통곡소리가 차츰 낮아지면서 유족들은 넋을 놓고 멍하니 모니터만 주시한다. 망인의 이름이 적힌 모니터 앞 긴 의자에 몸을 맡긴 채 함께 한 날을 훑고 있는 모양이다. 비통한 표정으로 못다 나눈 정한을 중얼거리며 지난 시간을 곱씹는 모습도 보인다. 자신의 아픔을 덜어내고 망인의 용서를 비는 마음일까. 울먹이며 독백으로 그간의 인연을 매듭짓는 모습일지도 모른다. 어찌 마음에 맺힌 날이 없었으랴. 원과 한이 있다한들 떠나보내는 마당에 어찌할 수 없지 않은가.

삶은 기다려 주지 않는다. 죽음은 비껴가지 않는다. 엄연한 사실을 모르지 않았을 망자도 주어진 시간을 누리려 희비쌍곡선을 아등바등 그렸을 터이다. 튼실하게 하루하루를 보내며 존재감을 키웠으면 좋으련만 시간에 쫓기고 알 수 없는 힘에 휘둘리다 결국 오늘을 맞이하지는 않았을지. 의식하든 아니든 누구나 맞이해야할 일이고 언젠가는 내 차례가 될 일이기에 아무런 관계가 없는 그들의 눈물과 애닯은 마음이 전염되어 눈시울이 뜨거워진다.

누구나 왔다 가는 길이다. 가면 돌아올 수 없는 길이기에 애통하지 않을 수 없지만, 그 와중에도 누구나 가지 않을 수 없는 길이기에 자신을 반추해 보게 된다. '이 또한 지나가리라' 라는 말의 의미를 상조하려는지 아속한 모니터 화면은 푸른 바탕만 계속 보일 뿐, 벽 뒤쪽의 작업을 짐작하지 못하게 한다. 좋은 곳에 가서 고통없는 삶을 살기를 기도하지만 삶 자체가 고통이라면 영면에 드는 순간이 고통을 털어버리는 일이다. 그렇게 보면 다시 태어나는 윤회가 꼭 반가운 일이 아닐지도 모른다.

시간이 약이라 했던가. 한동안 오열하던 소리가 잦아드는가 했더니 모니터를 따라 여기저기 옮겨간다. 또 다른 모니터 앞에서 살을 째고 소금을 치는 듯한 울음소리가 다시 공기를 가른다. 통탄스런 마음이야 하나겠지만 더 울 수 없을 만큼 비통하게 몸부림치는 유가족은 보이지 않는다. 사진속의 망인이 젊고 나이듦에 관계없이 오열을 토하는 것도 잠시일 뿐이다.

모니터의 마지막 문구를 기다린다. 열다섯 개의 모니터 앞에서 우는 것조차 지친 유족들은 멍한 눈빛으로 작업이 어서 끝나기를 기다리고 있다. 내일이 없는 망인을 보내며 나의 머릿속에는 내일 해야 할 일을 챙기고 있다. 그 와중에도 산사람이 내일을 찾는 것은 어쩔 수 없는 일일까. 스스로 생각해도 야멸찬 분별심이지만 어차피 떠나간 사람, 어서 정리하고픈 계산이 마음 바닥에서 꿈틀거렸다.

군자란

베란다가 환하다. 지금 우리 집에는 크고 작은 화분에 담긴 군자란이 한꺼번에 피어 꽃천지가 되었다. 있는 둥 없는 둥 살다가 이맘때가 되면 튼실한 대궁이를 만들어 올리고 그 끝에 꽃봉오리 몇 개를 달아 자신의 존재감을 전한다.

이름을 참 잘 붙였다. 난이라 해도 여느 난처럼 키우기가 까탈스럽지 않다. 보통의 난처럼 한들거리는 자태가 아닌 널찍하고 두툼한 진녹색 잎을 단 군자란은 경상도아낙마냥 투박하다. 화초치고 이런 모양새로는 눈길을 끌기 어렵다는 자신의 처지를 이미 아는지 주변을 탓하지 않는다. 주인의 관리가 게을러도 별 설움없이 꿋꿋하게 산다. 물이 모자라면 모자라는 대로, 햇볕이 부족하면 부족한 대로 견디어낸다. 옆에 앉아 있어도 고운 향기로 주변을 부르지도 않을 뿐더러 맵시로 눈길을 끌지도 못하고, 자불거리는 소리도 없다. 묵묵히 살다가 겨울의 끝자락쯤에는 어김없이 제 할 일을 하는 것도 그렇다. 어찌보면 세상을 달관한 도인같다. 그래서 군자란이라는 이름을 가지게 되었나 보다.

군자란이 그렇게 많아도, 꽃도 나를 부르지 않고 나도 꽃이라고 찾지 않는다. 마치 '누가 이기나 보자' 며 서로 튕기며 사는 사이처럼 보인다. 일 년 중에서 내가 문안인사를 여쭙는 것은 꽃대를 세워서 봉오리를 열까 말까하는 이 때뿐이다. 밤사이 꽃송이가 얼마나 컸는지, 몇 송이가 피었는지를 살피다가 언제쯤 속내를 보여줄 요량인지 나 또한 툭툭한 목소리로 중얼거리며 들랑날랑 거린다. 평소 무관심하던 내가 꽃피우는 고통을 아는 체 해도 체면을 차리느라 그런지, 지금까지 홀대해왔던 것이 섭섭해서 그런지 대답이 없다. 교감이 되지 않고 묵묵부답인 군자란에게 "이름값하고 산다고 수고가 많네." 하고 빈정거리다 결국 돌아서고 만다. 실은 꽃의 의연한 심성에 주눅 들면서 말이다. 사람이 꽃보다 아름다워야 하는데….

시댁에서 분가하던 때에 우리 집으로 따라 왔으니 가족이 된 지 족히 20년은 더 되었다. 화초 기르기를 좋아하시던 시어머니께서 무슨 의미로 주셨는지 그때는 모르고 그냥 받아왔다. 습성이 까다로운 화초를 주면 오래 키우지 못할 것을 예견하셨는지, 군자란의 기품을 좀 닮아보라는 깊은 뜻을 묻어주셨는지도 모른다. 같이 지낸 시간은 베란다에 있는 화분 중에서 가장 오래되었지만 나와 군자란은 길가에 밟히는 민들레보다도 무심한 사이로 지내왔다. 마치 업무적으로 만난 사이처럼 데면데면한 관계일 따름이었다.

요즘 들어서 꽃에 눈길이 자주 간다. 자기만의 색깔과 모양과 향기로 시선을 끄는 꽃을 보면 새삼스럽게도 마음이 살가워지며 생명의 신비함을 느끼곤 한다. 그런 나의 변화에도 불구하고 군자란은 예외다. 꽃은 꽃이되 꽃다운 꽃이 아니다. 이런 사이인데도 해가 지날수록 생존을 포기하기는커녕 새끼까지 치는 군자란을 어찌 이해해야 하나. 오기인가 참을성인가.

그러던 어느 해에는 꽃을 피우기 위해 준비하는 나날을 보지 못 한 채 화분 위에 이미 꽃잎을 다 떨어뜨리고 얇고 쭈글쭈글해진 잎과 물기 마른 꽃대만 남은 모습을 보게 되었다. 꽃을 피우기 위해서인지 새끼를 치기 위해서인지 두툼하던 잎들이 양분을 모두 다 내어주고는, 몸조차 가누지도 못하고 축 처져있었다. 늘 씩씩하고 당당하던 그 모습이 아니다. 색깔은 여전히 짙푸르지만 투박한 느낌도 없다. 한 송이 꽃을 피우기 위해 말없이 한 해를 꼬박 준비해 왔다고 생색도 내지 않는다. 갑자기 그 모습이 애처로워 진다.

연민의 정이 인다. 한참동안 바라보고 있자니 친정 엄마가 겹쳐 보인다. 모습도 살갑지 못하고 성격도 툭툭하지만 자식에 대한 희생을 당연한 믿음으로 삼고 아직도 뒷바라지에 여념이 없는 엄마의 모습이다. 자식은 빚쟁이처럼 언제나 당당하게 요구하지만 군말없이 내어주는 사이이다. 받는 데는 익숙하고 하찮은 일에도 언짢아하며 투덜대는 내 모습도 보인다. 감사하고 죄송하다는 것은 생각뿐이고, 언행은 언제나 생각과 어긋나는 것이 자식의 모습인가.

제 이야기를 하는 줄 아는지 군자란은 근엄한 목소리로 입을 연다. 참으로 부드러운 삶을 원한다면 말을 아껴야 한단다. 목소리도 낮추어야 한단다. 그저 눈빛으로 서로의 속내를 연하게 전하는 방식을 터득해야 스스로 구차해지지 않는단다. 오늘은 군자란의 다홍빛 꽃보다 무뚝뚝한 진녹색 잎에 눈길이 더 간다.

환승입니다

'ㅋㅋㅋ 이번에는 제대로 했군.'

혼자서 히죽 웃는다. 남들이 볼까 조심스럽기도 하고, 웃는 이유를 알까 민망하여 주변을 살피기까지 한다. 버스를 갈아타면서 교통카드 감지기에 카드를 대는 순간 '환승입니다' 하는 승인 멘트가 들린다. 마치 나의 제대로 된 행동을 반갑게 맞이해준 것 같은 즉각적인 반응이 고맙기도 하고, 내심 뿌듯하기도 하다. 환승을 자~알 한 것이다.

갈아타기 위해서는 소소한 절차가 필요하다. 내리기 전에 단말기에 카드를 대서 확인을 받고, 빨간 버튼을 눌러 나의 의사를 표현하는 준비가 반드시 있어야 한다. 요즘 들어 가끔씩 대중교통을 이용하면서 엉터리 짓을 하곤 한다. 목적지에 가기 위해 버스를 갈아 탈 생각까지는 했는데, 버스를 내리면서 환승 확인을 찍지 않아 '아차' 싶을 때가 더러 있다. 어느 날에는 빨간 'stop' 버튼을 누르지 않고 출구에 서 있기만 하다가 빤히 보면서도 내릴 정류소를 지나치기도 한다. 그 뿐이 아니다. 지하철 역사내의 곳곳에 붙어있는 안내문조차 눈에 들어오지 않아 반대쪽으로 들어갔다가 교통카드를 다시 찍고 나오면서 억울해 할 때도 있다. 단돈 천원의 위력이 할증되는 순간이다.

계속되는 실수가 하루 내내 마음에 걸려 있는 날도 있다. 남들은 자연스럽게 잘 하는 단순한 일을 혼자서 버벅거리다 보니 마음이 찜찜해진다. 한두 번도 아니고 같은 실수를 반복하다니. 한때는 굳이 외우려고 하지 않아도 시내 버스 번호와 노선을 꿰고 있어 스스로 신통해 하며 우쭐할 때도 있었는데 말이다. 사소한 일이라도 몸에 배게 하는 데는 적잖은 노력이 필요한 모양이다. 자주 이용하는 기능은 진화하고 그냥 버려두는 것은 퇴화한다는 말이 맞겠지만 요즘은 자주 떨떠름해진다.

오늘 아침 출근길에는 제대로 갈아타고 앉을 자리도 생겼다. 운전대만 잡으면 달릴 생각에 몰두하는 나로서는 모처럼 홀가분하다. 갑자기 할 일을 잃은 듯 우두커니 차창 밖 풍경을 살피는데 단출한 복장의 노신사가 눈에 들어온다. 출근 시간인데 바쁘지 않은 걸음으로 꼿꼿하게 건널목을 건너간다. 중절모까지 눌러쓰고 느긋하게 어딘가로 가고 있는 모습에서 나의 훗날이 겹쳐온다.

그때쯤 나는 어떤 환승을 하고 있을까. 그때도 지금처럼 커 보이는 것, 속도감이 있는 것, 좀 더 근사해 보이는 것을 바삐 좇아가고 있을까. 진정한 삶은 자기이유로 사는 것이라고 하지 않은가. 수채가 긴긴 물속 생활을 마치고 공중으로 날아오르듯 출근을 마치는 날에 애초에 원했던 길로 접어들면 좋으련만.

삶에도 갈아타기를 해야 할 때가 더러 있다. 요즘처럼 평균 수명이 늘어나 100세 건강을 목전에 둔 시대에 누구나 관심을 가져야 할 일일지도 모른다. 제대로 갈아타고 피날레를 장식하려는 환승꾼들의 열정이 더러 보인다. 지금까지의 자신이 살아왔던 모습과는 전혀 다른 모습이다. 인생 이모작, 삼모작하는 말들이 나오면서 퇴직 후의 형형한 변신을 꿈꾸는 그들이다. 사회 시설에서 봉사활동을 하며 내면의 기쁨을 찾기도 하고, 귀농으로 평온한 자연인이 되기도 하고, 문화예술에 심취하여 못다 한 배움의 열망을 채우기도 한다. 숨가쁘게 살아왔던 삶에 쉼표를 붙이고 이전과는 다른 자신의 그릇을 살피는 진중한 모습으로 마침표를 향해 뚜벅뚜벅 걸어가고 있다.

'조금 더 느슨하게, 조금 더 생소하게, 조금 더 자기답게.'

어느 글에서 본 문구이다. 별 말 아닌 듯한데 곱씹어 볼수록 공감이 된다. 어느 세대인들 삶에 반전이 필요 없을까마는 베이비 붐 세대에게는 그 누구보다도 절실할 것이다. 개인적 성향이나 욕구는 제쳐두고 오로지 산업사회의 역군으로서 역할에만 충실해온 우리들이지 않은가. 못 먹고 못 살던 시대를 벗어나는 것이 모든 일의 잣대가 되어 살아온 시간 덕분에 물질적으로는 그다지 부족하지 않은 삶을 살게 되었을 게다. 어쩌면 그때 몸에 배인 '빨리빨리' 가 지금을 살아가는 원동력이 되었지 싶다.

그런데 종종걸음으로 좇아가는 관성이 붙은 흐름이 정점을 찍은 내리막에서는 속도조절이 되면 좋으련만. 그다지 바쁠 일도 없건만 여유는 고사하고 가속도까지 엉겨 붙는다. 그 속도를 놓칠까봐 불안해하면서 더 헉헉거리는 것은 어떻게 받아들여야 할까.

출근을 마칠 무렵에 큰 착오없는 환승이 가능할까. 내릴 정류소에서 stop버튼을 누르고 하차 확인 단말기의 환승 확인을 제대로 받고 내린 오늘처럼, 갈아탄 내 종착역이 나의 목적지와 같았으면 좋겠다. 매미가 허물을 벗고 새롭게 몸단장을 하듯이.

길치

모임이 있는 날이다. 그 모임은 내가 먼저 도착하여 오시는 분들께 인사드려야 하는 조심스런 자리였다. 황령산 터널을 지나야하므로 교통량을 감안해서 일찌감치 나섰다. 어둠이 낮게 깔리는 시간이지만 월요일이라 그런지 생각보다는 수월하게 터널을 빠져나왔다. 퇴근시간인데도 남천동 큰길까지 '졸졸졸 행렬' 로 이어진다.

예정대로 모임 장소 근처에 거의 다다랐다. 큰길을 벗어나 사잇길로 접어들면서 모임장소가 있는 방향으로 차를 돌렸다. 서너번 와 보있던 길이라 대충 그 정도에서 들어가면 될 듯했다. 길모퉁이의 표적물을 분명하게 기억하진 못해도 이전에 어림짐작으로 찾아갔던 날을 더듬어 어둑어둑한 골목으로 다시 핸들을 꺾었다. 그런데 오늘은 그 '대충' 의 눈짐작이 통하지 않나보다. 유난히 골목이 많은 그 지역은 그 골목이 그 골목같아 몇 바퀴를 돌고 돌았다. 모임시간은 거의 다 되어 마음은 점점 조급해지고 길 찾기는 더 자신이 없어진다. 늦게 들어가 조용한 분위기를 깨고, 회의 도중에 들어가 분위기를 깨고 시선을 집중시키려니 등이 후끈해진다.

처음 진입했던 길목으로 되돌아와서 더듬이를 세운다. 가게의 간판이나 길섶이 어이없이 낯설어진다. 한 켠에 차들이 주차된 비좁은 골목길을 뱅뱅 도는 동안 이삼십분은 족히 흘렀을 게다. 이 길목을 돌면 안면있는 길이 바로 나설 것 같은데 낯익은 건물이 보이지 않는다. 미로찾기 게임에 빠진 것 같고 어줍잖게 생각했던 길 찾기는 점점 난감해진다. 진작 네비게이션을 장착하지 않은 것을 후회하면서 골목 한 쪽에 차를 멈추고 처음부터 다시 기억을 짚는다.

등에는 땀이 배이고 핸들을 쥔 손에는 힘이 빠진다. 장소를 찾는다한들 어려운 자리에 늦게 문을 열고 들어가느니 차라리 돌아서는 게 낫겠다는 생각마저 스친다. 여기까지 와서 돌아가려니 은근히 오기도 생겨난다. 이제 머릿속 지도뿐 아니라 마음도 헝클어졌다. 내심 길눈이 밝다고 자처해왔지 않은가. 한참 회의 중인데도 불구하고 아는 분에게 문자를 날렸다.

'미안합니다. ㅇㅇ병원 앞에서 좌회전하여 빵빵이를 돌고 있는데 좀 도와주세요.'

주위의 불빛과 어둠은 더 확연해졌다. 이미 모임이 시작되었고, 제법 시간이 흐른 탓인지 복닥대던 마음조차 가라앉는다. 쥐구멍을 찾지 못한 쥐의 심정일 게다.

답문을 기다리는데 또 다른 길이 나선다. 이미 주어져 있지만 내가 찾지 못한 길이 이 길 뿐인가. 오늘 저녁만 길을 찾지 못하고 있나. 쭉 뻗은 대로건 비좁은 골목길이건 간에 눈앞만 보고 사느라 멀리 나 있는 길을 보려고나 했던가. 지금껏 쳇바퀴 돌듯이 하루를 잘 산 것만으로도 흡족하지 않았나. 때로는 아는 체하며 발걸음에 힘을 주기도 하지만 더듬거리며 시간을 좇아가는데 숙달되지 않았나 말이다. 큰 길눈은 밝지 못하면서 사소한 길눈을 억울해하는 모습에 피식 웃음이 나온다.

몇 번이나 가 보았던 길을 찾지 못하는 것에 슬며시 부아가 났던 나는 '삶 자체가 헤매는 것이 아니냐' 고 억지를 부리고 싶어졌다. 태어나는 순간 종착역은 이미 결정되어 있고, 가는 길만 여러 갈래로 주어졌다면 '둘러가든 질러가든 서울은 가게 되어 있다' 며 생각을 고쳐먹는다. 연습이 없는 길, 되돌릴 수 없는 길이지만 목적지가 분명하면 서두르건 찬찬히 가건 도착하는 것은 오십보백보일지도 모른다. 그러면 두리번거리면서 한 발짝씩 조심스럽게 내디디며, 가고 있는 방향이 맞는 것인지, 더 나은 길은 없는지 우왕좌왕하는 것은 지당한 일이 아닐까.

신은 인간에게 내일을 알려주지 않았다. 그래서 주어진 오늘을 열심히 살 뿐이다. 내일이 없다면 오늘을 열심히 살려는 사람이 몇이나 될까. 또 확실한 내일이 있다면 오늘을 열심히 살려는 사람은 몇이나 될까.

가끔 지나온 길을 생각할 때가 있다. 되돌아보면 이미 주어졌던 길인데 나만 모르지 않았는지 이제야 의심스럽다. 우연과 필연이 씨줄과 날줄로 직조되듯이, 어찌 보면 우연이고 어찌 보면 필연의 길을 걸어 왔을 것이다. 길이 있으니 돌고 돌았던 오늘처럼 길이라고 모두 내가 가야할 길이 아닌데도 큰길이고 샛길이고 골목길을 불문하고 많이도 기웃거렸지 싶다. 긴가 민가 생각할 겨를도 없이 길이 나 있으니 오늘까지 달려왔을 터이다.

눈에 뻔히 보이는 길도 제대로 못 찾으면서 눈에 보이지 않은 길을 찾아간다는 것은 가당찮은 일이다. 오늘 밤 가로등 불빛은 더 밝지만 아직도 나는 내가 길치라는 사실조차 모른 채 헤매고 있다.

2
적과의 동침

버리고 비우는 일은 결코 소극적인 삶이 아니라 지혜로운 삶이다
버리고 비우지 않고서는 결코 새것이 들어설 수 없다
공간이나 여백은 그저 비어있는 것이 아니라 본질과 실상을 떠받쳐 주고 있다

– 법정스님 버리고 떠나기 중

적과의 동침

적군이 잠입했다. 선전포고도 없이 일방적인 침범이다. 내 영역에 야금야금 스며든 게릴라들이 도전과 협상, 휴전을 반복하며 황당과 당황 사이를 오간다. 세력을 키운 적들이 당당하게 진을 치고 자리까지 잡는데 쫓아낼 엄두가 나지 않는다. 무시 반 오만 반이었던 내 방식이 부른 자업자득이다.

침략군은 다양하다. 눈에 띄는 흔적을 남기는 족속은 그나마 양반인 셈이다. 드러내놓고 도발을 해오면 "그래, 또 시작이군."하면서 순간 대비태세로 들어갈 여유가 있어서다. 슬며시 점령하고 시하조직을 키워서 위협적으로 그 존재감을 과시하는 초대형 무장공비는 속수무책일까. 아무리 위세가 대단하기로서니 번번이 당할 수는 없지 않은가.

테러의 낌새가 없지 않았다. 모르긴 해도 나이라는 복병이 은근히 지렛대 구실을 했을 것이다. 침략군들의 노략질을 부추기지는 않았더라도 최소한 묵인은 했을 것이다. 강 건너 불구경하듯이 지켜보며 '천하의 항우장사라도 나이는 못 이기는데 어찌…….' 언제부터인지는 모르지만 내 몸에 일기예보를 날리며 궂어질 날씨를 전해 왔으니까 말이다. 미리 방패를 준비하지 않고 차일피일 미뤄 왔으니 누구를 탓할 수도 없다.

허리춤에 총 본부를 둔 아토피란 족속은 시시때때 도발을 하는 아주 고약한 무리이다. 다른 적들에 비해 매우 호전적이고 까탈스러우며 먹성에 예민하게 반응한다. 자신들의 관점에서 시덥잖은 음식이 들어가면 즉각 대응하며 긁어 주기를 종용한다. 낮에는 멀쩡하다가 밤이 되면 기승을 부리는 모기처럼 교란작전을 펴는 것이다. 자신의 존재를 제대로 심으려는지 다른 일에 한 눈 팔지 못하게 점점 기세등등해진다. 처음에는 도톰하게 솟아오른 그들의 진지를 손톱을 피해 손끝으로 부드럽게 문지르며 '알고 있으니 대충하자' 고 어른다. 일단 도발을 시작한 녀석들은 물러설 기미를 보이지 않는다. 달래다가 오기가 발동한 나는 손톱 각도를 서서히 세우며 가속도를 붙여 반격해 댄다. 그때서야 겨우 수그러들며 잠잠해진다.

수년 전부터 자리 잡은 안구건조증이라는 빨갱이도 만만찮다. 이 녀석은 그날그날의 컨디션을 대변하는 척후병이다. 내 몸이 피곤할 때면 먼저 나서서 직격탄을 날린다. 티끌이 들어간 듯이 머들거리기도 하고 날카로운 송곳으로 찌르는 듯한 공격을 해 온다. 기세를 세우면 할 수 없이 항복하여 일손을 놓은 채 눈을 감고 기다려야 할 때도 더러 있다. 한참동안 접전하다 다시 휴전상태로 들어가기를 반복한다.

직접 자극을 주는 무리는 눈치를 살피면 되고 더 과민해지지 않도록 미리 조절하면 된다. 내 의식에 신고조차 없이 스며든 오랑캐들이 더 문제이다. 침략자들이 내 눈에는 전혀 보이지 않는 내밀한 곳에 비밀기지를 잡았다. 정기검진에서 겨우 발견될 때까지 야비하게 숨어든 이들에게는 지금까지 대응해온 전략으로는 감당이 어렵겠다. 언제 본색을 드러내며 인민군까지 끌어 들이고 전면전을 펼칠지 알 수 없어 항쟁은 고사하고 수시로 문안인사까지 드리고 있다. 아침에 손가락 끝에서 눈치를 살피며 동태를 가늠해야 하는 천하무적의 상대이다. 예고탄이 날아온 이상, 상시 경계로 최소한 공습은 막아야 한다.

지원군 요청도 수없이 했다. 긴 바늘, 짧은 바늘을 동원하여 맞내응할 때는 디소 누그러지는 체 했다. 객의 체면을 차리는 듯, 뒷걸음질 치는 행세를 하며 기세가 꺾이는 척 했다. 그러나 그때 뿐이고 호시탐탐 때를 엿보고 있다 방비가 소홀한 틈이 생기면 여차 없이 돌변한다.

지원군은 지원군일 뿐이다. 지원군들은 접전 중인 나를 보며 안타까운 듯이 자위대의 힘을 기를 것을 강조한다. “운동을 하세요. 하다못해 매일 2~30분이라도 걸으세요.”하며 스스로 면역력과 체력을 키울 것을 강조한다. 틈만 나면 컴퓨터 앞에 앉는 나로서는 더 할 말이 없다. 지금껏 컴퓨터를 가장 우호적으로 지내는 동맹관계라고 생각해온 탓이다. 하루 중 많은 시간을 함께하고 아군인 척하며 나를 조종해왔던 컴퓨터가 내 일상을 가장 깊숙이 침범한 적군일 수도 있겠다는 생각이 스친다. 그럼 누가 아군이고 누가 적군인가.

스페인의 초현실주의 화가 달리는 스페인 내전 상황을 그림으로 그렸다. 그림은 여체가 거의 차지한다. 화면 중앙에 서 있는 여인의 몸은 오른쪽 윤곽이 어딘가 빠진 듯이 분명하지 않고 서랍장 같은 물체에 비스듬히 기대어 서있다. 소인국에 간 걸리버처럼 여인의 몸 각 부위마다 소인들이 삼삼오오 모여 공사를 하는 형상이다. 큰 삽으로 땅을 파는 장면, 쇠스랑을 들고 내리찍으려는 동작, 큰 들통을 둘러맨 모습들이 도로공사를 하는 듯이 보였다.

나는 그 그림 앞에서 발을 멈추지 않을 수 없었다. 작가는 몸의 반쪽 형체가 지워져가는 여인을 통해 조국의 내전을 표현했다고 한다. 체념한 듯한 여인의 어두운 표정과 몸 여기저기서 도로보수작업을 하는 듯한 소인들의 행동으로 작가는 내전의 참상을 전하고 싶었단다. 그 의도와는 달리 그림 속 소인들은 내 몸에 은밀하게 잠입한 병처럼 다가왔다.

마음을 다스리는 글 중에 보왕삼매론이 있다. 그 중 첫 번째 지침인 '내 몸에 병 없기를 기대하지 마라. 병이 없으면 탐욕이 생긴다. 병고로써 양약을 삼으라.' 는 말씀을 새롭게 음미해 본다. 오랫동안 함께한 탓인지 적이긴 해도 많이 친숙해졌다. 그들의 비위를 맞출 여유도 생기고, 미운 정이 들어 정전기간이 길어질 때면 슬며시 챙겨봐 질 때도 있다. 언제 물러설지 기약 없는 적들인지라 요즘 들어서는 '차라리 같이 살아볼까' 하는 생각마저 하고 있으니…….

오늘도 적과의 동침이 이어진다. 사소한 노략질일 때 그 음모를 일찍 헤아리고 내 몸뿐만 아니라 주변까지 단단히 방어해야 한다. 어쩌면 그들은 나의 행동을 제약하기 위한 적이 아니고 나를 키우기 위한 또 다른 원조군일지도 모르겠다. 어리석은 자아상이 배시시 웃는다.

쑥 절편

늘 주어지는 것에 대한 관심은 무뎌지기 마련인가보다. 지천으로 늘려있는 쑥처럼. 싹이 돋을 때는 눈길을 꽂으며 부산을 떨다가 점점 무관심해지는 것이 인지상정일까. 오늘은 그렇다고 더 우기고 싶은 날이다.

나는 캥거루족이다. 직장생활을 핑계로 친정엄마가 내 삶을 통째로 돌봐왔다. 육아에서 시작된 딸네집 출근은 아이들이 다 자라도 이어졌다. 먹거리에서부터 구석구석 집안 정리까지 챙겨준 덕분에 바깥에서 자유를 누려왔다. 집안일로 조바심을 내지 않아도 되는 방식에 익숙해져 버렸다. 강산이 세 번도 더 바뀌는 동안 쑥의 끈질긴 습성처럼 엄마의 자식바라기는 끊이지 않았다. "국 끓여 놨다. 가져가거라." "나물 무쳐 놨다. 가면서 들러라." "아파트 앞에 들고 나오세요." 엄마표 반찬을 언제까지나 얻어먹을 수 있으려니 믿었다.

철석같이 믿었던 엄마에게 변화가 왔다. 재작년 가을부터 약간씩 이해할 수 없는 행동을 보이고 기억이 흐려진 말을 하기 시작했다. 당혹스러웠다. 위기를 어찌 받아들여야 할 지 막막해졌다. 남의 일일 때는 조언하고 위로하던 말들조차 생각나지 않고 엉뚱한 말을 할 때마다 반사적으로 다그쳤다. 야멸차게 대꾸하면서 불안해지는 내 마음을 더 추스렸을 것이다. 병원진단 결과는 암보다 무섭다는 치매의 초기단계란다. 진행 속도를 늦추기 위해 붙이는 약을 사용하기로 했다. 그 후 약을 제대로 갈아 붙였는지 아침마다 전화로 확인하며 잔소리를 늘어놓기 시작했다. 엄마가 앞으로 어떻게 살아가야 할지보다 내 보호막에 흠이 날 것에 더 집착했을지도…….

옛말에 병은 자랑하랬다. 지인들의 경험담을 들어보기도 하고, 치매에 관한 정보를 찾아 검색해 보며 이 책 저 책을 뒤졌다. 현재로서는 기억이 바래지는 것을 늦추기 위한 노력을 할 따름이지 막을 수 없다는 결론 뿐이었다. 갑작스럽게 찾아온 손님이지만 시간이 흐르면서 나 또한 약간 적응이 되었는지 받아들이고 함께 살아가는 이야기들에 솔깃해졌다.

엄마의 이상행동은 늘어갔다. 이해되지 않는 말을 들어도 그 전처럼 화들짝 놀라거나 소리 지르며 즉각 시정을 요구하지 않을 만큼 적응되었다. 마음은 휑해지지만 한 바퀴 돌려서 말하는 여유를 갖게 되면서 내 삶에 끼치는 불편보다 엄마 마음에 쌓이는 서글픔에 눈이 가곤 했다. 표정에 드리워지는 어두운 그림자도 느껴졌다. 말 수가 줄어들지 않게 이 말 저 말 주워 읊으며 수다를 떨어댔다. 혼자서 우두커니 있을 시간에 짬을 내어 전화를 하지만 전화를 걸 때의 애연한 마음은 간 곳 없이 팍팍한 소리들이 튀어나갈 때가 더 많은 것은 어떻게 변명해야 할까. 별 대꾸 없이 듣고만 있는 엄마에게 즐겨 부르던 옛 유행가를 읊으며 기분을 바꿔 주려하다가도 딸이란 특권을 강조하기는 마찬가지였다.

우리 모녀의 관계는 언제부터 역전되었을까. 고분고분하지 않은 딸을 못마땅해하며 귀가 따갑도록 늘어놓던 엄마의 잔소리를 어느 순간부터 나의 잔소리로 되갚지만 그때의 나와는 달리 엄마는 그냥 듣고만 있다. 그 태도조차 마뜩찮아 잔소리가 더 늘어간다.

엉뚱한 언행에 겨우 적응할 즈음 또 다른 불안이 찾아왔다. 엄마의 먹성이 변했다. 넘치는 식욕으로 별명이 '도라무깡' 인 엄마의 몸매에 맞지 않게 식사량이 점점 줄어들었다. 늘 밥심으로 산다고 자처하던 노인이 식욕이 줄어든 핑계거리를 이리저리 늘어놓는다. 다시 닦달하지 않을 수 없었다. 밥상 앞에 지키고 앉아 짜증을 부리다가 애기 달래듯 애걸하다가 급기야 떠먹이기까지 하며 한 술이라도 더 뜨기를 종용했다. 그럼에도 밥도 아닌 죽을 입에 물고 삼키지를 못하는 지경에 이르렀다. 얼른 넘기라고 윽박지르면서 새로운 음식을 준비해봤자 소용이 없었다. 한 달포 사이에 얼굴이 많이 수척해졌다.

식사량이 줄어드는 만큼 말수도 줄어든다. 낙천적인 장수 가계의 후손답게 팔순이 넘어도 주위의 부러움을 살만큼 건강하게 지냈던 터라 당연히 무신경했던 날들을 되짚어봤다. 식욕이 줄어들 별 뚜렷한 이유가 없었다. 단골 병원의 의사조차 식욕감퇴의 원인이 짐작이 되지 않는지 몇 가지 내과적인 검사를 주문했다. 그 결과도 무난했다. 깊이를 알 수 없는 수렁에 점점 빠져드는 듯했다.

치매치료를 받는 병원에 약 타러 간 걸음에 의사에게 별 생각 없이 상황을 설명했다. 의사는 갸우뚱거리더니 치매약의 부작용 같다고 대수롭잖게 말하며 약을 중지해 보라고 했다. '설마' 싶었지만 일단 중지했다. 낭패스럽던 상황이 차츰 차츰 나아지기 시작했다. 치매의 속도를 늦춰보려던 나의 의도가 오히려 식욕을 낮추는 결과를 부른 것이었다.

살살 깨어나는 모습이 신통하고 고마웠다. 줄어든 밥술이 늘어나며 엄마는 쑥을 캐러 가고 싶은 눈치를 보낸다. 봄기운이 돌면 쑥을 캐 와서 절편을 해 나눠먹는 것이 엄마가 봄을 맞이

하는 연례행사였다. 좀 늦었긴 해도 올 봄에도 엄마가 좋아하는 봄나들이를 할 수 있다는 사실이 전례 없이 감사하다. 내 생활에 엄마표 식단은 졸업했지만 내 삶의 캥거루는 좀 더 이어지기를 기대한다. 올 봄은 쑥 절편으로 철없는 캥거루를 공부시키고 싶었나 보다. 서늘하던 내 가슴이 데워졌지만 얼마나 오래갈지는 두고 볼 일이다.

남새밭의 이야기꾼

쉿! 그 여자가 오고 있다. 언제부터인지 몰라도 마른날 궂은날을 가리지 않고 찾아와 은근히 우리를 기다리게 만들기도 하지. 요즘 들어서 언덕배기를 오르면서부터 실성한 사람처럼 중얼거릴 때가 많아. 이리저리 둘러보다가 눈동자에 힘을 주며 한참 멈춰서 있을 때도 있고, 가끔은 쪼그리고 앉아 뭔가를 찾는 눈치이기도 하더군. 명탐정 코난처럼 보이고 싶었는지 모르지만 푼수가 모자라는 느릿한 걸음걸이로 보아 동네 아낙이 틀림없었다네.

푸른 촉이 세상 구경을 하던 날. 그러니까 우리의 새로운 삶이 시작되는 그날부터 무슨 주문같은 소리가 시작되었을 거야. 늙지도 젊지도 않은 여자가 입을 배시시 벌리고 우리의 이모저모를 살피는 품이 바로 첫 아이를 품에 안은 어미의 그 표정이고 그 눈빛이었어. 어떤 날에는 한 옥타브 올라간 목소리로 앵앵거리는 것이 생전 푸새를 처음 본 듯, 화성에서 온 여자인 듯

싶었지. 그전까지는 팔짱을 끼고 슬리퍼를 질질끌며 세상 고민 혼자 품은 듯 맥없이 어슬렁거렸을 뿐, 우리가 사는 세상엔 전혀 관심이 없었으니까. 우리가 농부의 발자국소리를 듣고 자란다는 이야기를 어디선가 귀동냥한 모양이었어. 날마다 우리 영역을 찾는 일을 거르는 법이 없는 걸 보면.

그 여자는 유년시절을 콘크리트 장 속에서 보냈을 거야. 쌀쌀맞은 늦가을 날씨같이 사람냄새가 모자랐거든. 품새가 솔아 잘 삐쭉거리는 것도, 손에 묻은 흙을 탈탈 터는 짓이나 우리를 쳐다볼 때도 책에서 본 기억을 찾아내는 것에 흡족해하는 표정을 보면 절대로 너른 데서 자란 성정은 아니었어. 흙냄새를 모르고 자라서 그렇겠지만, 이왕에 인연을 맺고 날마다 찾아오니 따뜻하고 보드라운 우리의 기운을 먹여보자고 이야기하곤 했었지. 사실은 지금껏 그 누구도 우리에게 그렇게 살가운 눈빛을 보내지 않았기도 하고…….

우리가 사는 공간이라야 병풍 서너 폭보다 작지만 우리 씨족의 열성은 그 여자의 열정에 어금버금했지. 애초에 좁쌀만 하던 몸집이었지만 불리다보니 손바닥만 한 잎으로 밭을 채웠고 새 빛으로 눈부시도록 반질거렸지. 그뿐이 아니야. 싱싱한 잎을 키워 그 여자의 입꼬리를 끌어올리려고 날마다 안간힘을 썼다는 고백도 해야겠네.

어제는 그 여자가 꽤 유식한 척하더라. 무언가를 알려줄 참이었던지 밭둑에 쪼그리고 앉아 우리를 향해 이야기를 늘어놓데. 가만히 들어보니 어디서 듣던 소리였어. '맨몸으로 눕고 맨 몸으로 일어서라' 는 류시화 시인의 「들풀」이라는 싯귀를 흥얼거리고 있더군. '함께 있되 홀로 존재하라. 언제나 빈 마음으로 남으라. 슬픔은 슬픔대로 오게 하고 기쁨은 기쁨대로 가게 하라. 그리고 침묵하라' 는 구절에서는 목소리가 더 단단하게 들렸어. 아마도 그 싯귀처럼 마음가득 바람이 부는 세상을 만났나 싶었지. 기운이 딸리는 날에 오히려 의연한 우리들의 모습에서 용기를 얻나보더라고.

세상에는 변하지 않는 것이 없어. 우리가 새 잎을 키워갈 때는 환한 얼굴로 감탄을 해댔지만 슬슬 시간이 쌓이는 이파리에서 시선이 옮겨가는 것 또한 어쩔 수 없는 일일거야. 우린들 따뜻한 기운을 놓고 싶겠냐마는 이미 비껴간 시선을 안달복달하지는 않지. 푸새는 사람들의 입에서 부드럽게 혀돌림이 되고 목님김이 될 때 값어치가 있지 그 이상은 기대하지 않아. 보드라운 잎으로서의 소명을 마친 셈이니 잎이 뻣뻣해진 이후의 시간은 덤으로 사는 거야. 그쯤에선 관심을 기대하기보다 꽃대를 올리고 꽃을 피워 씨를 맺을 준비를 서두르지. 후세를 위해 물러날 때를 알아차린다는 것은 우리의 소중한 유전인자야.

그 여자 이야기에 자지러져서 이웃 소개가 늦었군. 우리 구역에 사는 식구들은 몇 종 되지 않아. 동산 입구에 서있는 매실나무는 언제 봐도 점잖아. 햇빛에 의존해서 살기는 우리와 매일반이지만 남 먼저 꽃을 피워 추위에 지친 이들에게 생기를 주는 것은 말할 것도 없고 사람들이 지칠 여름을 위해 부지런히 열매를 매다는 모습에 고개가 숙여지거든. 옛날 선비들이 매화를 사군자로 뽑은 이유를 이제야 알겠네. 밭 식구로는, 그 여자의 총애를 받는 우리는 상추종이고 옆에는 짙푸른 위세를 떨치는 고추모종 일가가 넓게 차지하고 있지. 그 울타리에는 서너 포기의 오이 일가도 함께 산다네. 어느 날 보니 방울 토마토 몇 포기가 이사 왔고, 그 옆에는 봉숭아모종이 홀홀단신으로 함께 살고 있어. 생김새는 좀 다르지만 한 밭에 사는 식구들이라 서로 격려하며 의지하곤 하지. 새 잎이 돋을 때는 친구들이 더 좋아서 "으쌰, 으쌰"하며 힘을 실어 주며 더 부드럽고 더 반들거리며 자신의 존재감으로 기쁨을 나누려는 깊은 뜻을 그 여자는 알기나 할까.

언젠가 엿들은 이웃들의 이야기가 생각나네. 들다보니 그 여자에 대한 험담이었는데 우리 종에 대해 무지했던 언행을 서로 들추며 하소연하고 있었지. 생득적으로 어쩔 수 없는 것이라 푸념으로 들렸어. 언덕배기 전체에 잔디가 주로 심어져 있어서 그런지 토끼풀이 자리를 잡자 잡초 중의 잡초라고 못마땅해 했다는 군. 더 번지기 전에 뽑아야 한다고 몇 번씩이나 그들 앞에서 으름장까지 놓았다지. 어느 날에는 워낙 잘 뻗어가는 줄을 잡고 힘껏 당겨 뜯다가 감당이 안 된다면서 제초제까지 운운했다네. 도대체 어떤 잣대로 잡초를 구분하는지 이해가 안간다며 억울해 했었지.

우리는 서로를 잡초라고 부르지 않아. 자신이 모른다고 하찮은 것으로 깔보는 일은 절대로 없지. 그 여자는 아마도 이름을 부르며 그 존재가치를 키워준 김춘수 시인의 「꽃」을 아직도 들어보지 못했나보다. 이름을 불러줄 때 서로를 보듬고 함께 가는 것을 알았으면 좋겠건만. 아무래도 움직이는 종들은 진화가 덜 된 모양이다. 우리 세계에는 우리끼리의 공존의 법칙이 있어 그 질서에 따라 어울려 살고 있는데도 순전히 아전인수격의 말이나 행동을 서슴지 않아 안타까울 때가 더러 있다네. 저네들이 쓰는 말을 쓰지 않는다 뿐이지 우리도 나름 의사소통은 하거든. 그뿐이 아니지. 그네들의 느낌도 받아 고마워하거나 즐거워 할 줄 아는 데도 말이야.

이웃 방울토마토가 붉어지고 있네. 날마다 보기좋은 먹성이 되기 위한 남모르는 노력을 생색내고 싶지 않아. 눈길을 끄는 꽃을 피우거나 열매를 매달진 못해도 우리 구역의 식구들은 그 여자의 이력에 한 줄을 보탠다는 것만으로 흡족해. 한 인간의 내면을 맑게 하는 것도 우리에겐 덤으로 얻는 수확이 되기에.

락휴

옛날 조선 사람들의 평균수명은 마흔 정도였다고 한다. 그런 기준에서 보면 나는 한참을 덤으로 살고 있는 셈이다. 그것도 팽팽한 시간을 쪼개고 종종거리며 말이다. 덤이 아니더라도 뒷짐지고 걸을 때가 되었는데 아직도 그러지 못한다.

새해 첫날에는 식구들과 한 해 계획을 공언한다. 나는 대뜸 뛰지 않겠다고 선언하다시피 말했다. '무슨 뚱딴지같은 말이냐' 는 표정으로 말끄러미 쳐다보는 아들에게 신호등의 조종을 받지 않겠다고 덧붙였다. 해야 할 일을 메모해서 붙여두고 순차적으로 처리하는 것은 물론이고 걸음걸이조차 거의 경보수준인 제 엄마의 모습과는 전혀 어울리지 않는다는 얼굴이었다.

내 삶을 누군가 곁에서 보면 쫓기는 중이거나 쫓아가는 모양새일 거다. 바쁠 일도 없는데 서두르는 것이 괜히 불안해 보일 것 같기도 하다. 이런 습관성 졸갑증을 바꾸어 보려고 몇 번을

시도하지만 어느새 다시 잰걸음을 치고 있다. 올해도 약속을 지키기가 쉽지 않을 듯하다.

며칠 전의 일이다. 아들과 길을 걷다가 멀찌감치 보이는 신호등이 초록색으로 바뀌자 거의 반사적으로 뛰려고 했다. 무의식적 반응에 아이는 의아해하며 "엄마, 뛰지 않겠다고 하지 않았어요?"라며 볼멘소리를 했다. 연초에 내가 한 말을 기억하고 있었던 모양이었다. "……." 묵묵부답일 수밖에 없었다. 불과 몇 분을 못 기다리고 허둥대는 마음을 들킨 나는 평소에 아들에게 "제발 말만하지 말고 실천 좀 해라."며 잔소리 해대던 말에 걸려 넘어지고 말았다.

그날 이후 실행 목록을 새로 정했다. 운전석에 앉으면 습관적으로 조급해지는 운전습관을 바꿔보리라 마음먹었다. 멀리 초록불이 보이면 '슬로우 슬로우리' 라고 대꾸한다. 나에게 경고를 보내는 것이다. 오던 속도대로 가다가 신호가 바뀌기 전에 통과하면 좋고 아니어도 괜찮다고 스스로 자기 암시를 거는 셈이다. 또 지인들과 이야기를 나누며 "바쁘재?"하던 인사말을 쓰지 않기로 했다. 또 그런 인사말을 들을 때는 "내가 바쁠 게 뭐 있나?" 하며 능청 아닌 능청을 떤다. 말이 행동을 만들고 생각을 통제하고 싶어서이다.

한 십여 년 전 쯤 컴퓨터의 멀티태스킹multitasking 기능이 돋보이던 때였다. 평소에 존경하던 어느 선배님은 우리들에게 멀티 플레이어가 되어야 살아남을 수 있을 것이라 말했다. 귀가 번쩍 띄었다. 선배님의 치밀한 성격과 치열한 행동에서 성공의 비결을 읽은 나는 내 버릇을 적잖이 고민하게 되었다. 한 가지 일에 몰두하면 다른 것을 의식하지 못하는 수준인지라 여러 가지 일을 동시에 처리하는 멀티태스킹은 언제나 그림의 떡이었다.

컴퓨터가 사무기기로 자리잡은 이후 몸과 마음을 함께 저당 잡혔을 게다. 또 휴대폰은 편리함을 담보로 시야를 넓혀야 한다는 강박이 원 플러스 원으로 주어졌다. 변명의 여지도 없고 자주 연락을 해야 할 것 같은 부담이 만만찮게 는 셈이다. 더구나 스마트 폰은 내 언행에 가중치를 보탰다. 세상을 손바닥 안에서 살피기 시작하면서 아이러니하게도 더 감시감독 당하는 꼴이 되어 버렸다. 폭주하는 문자메시지와 채팅방에 재깍 답문을 보내지 않으면 까칠한 성격으로 낙인되거나 관계가 어려워질 때도 없지 않다. 개구리를 찬물에 넣고 점점 온도를 올리며 감각을 무디게 하듯이 문명의 발달은 사람을 점점 옥죄어가는 듯하다.

메모지에 처리해야 할 일을 적어 모니터 한 구석에 붙여 두고 하나씩 처리해 나간다. 날마다 일의 순서를 정하고 우선 순위를 확인한다. 여러 가지 일을 같은 시간대에 처리해 나가는 뿌듯함도 없지 않았다. 세상의 변화를 잘 따라가고 있다고 착각하며 내심 자부했을지도 모른다.

이웃에 유유자적한 분이 계신다. 나와 비슷한 연배인데 언제 봐도 서두르거나 언성을 높이는 것을 본 적이 없다. 폭우 속에서도, 매서운 날씨에도 너털웃음으로 대신하며 휘둘리지 않는 강단을 지녔다. 긴 담뱃대를 문 선비처럼 항상 여유로운 비결이 은근히 궁금했다. 늘 스스로 행동을 살피는지 "바쁠 게 뭐 있나. 슬슬 하면 되지." 하고 입버릇처럼 하던 말은 나를 쪼그라들게 만들었다. '언제나 치밀하고 매끄럽게 처리하면서도 저렇게 여유로운 모습은 역량이 남다른가보다'

그분을 만날 때마다 내 그릇이 넉넉치 못하고 모양새 또한 다부지지 않은 것에 자꾸 마음이 쓰였다. 자주 만나면서 요모조모 비교해보니 머릿속의 회전 속도는 나와 크게 다르지 않았다. 일에 휘둘리며 무의식적으로 허둥거려지는 언행을 드러내느냐 포장하고 제어하느냐의 차이일 뿐이었다. 마치 오리가 수면 위에서는 한가로워 보이지만 물아래의 물갈퀴는 재빠르게 움직이듯이.

이젠 락휴樂休할 때다. 요즘 나는 공언公言이 공언空言이 되지 않게 한 번에 한 가지 일만 하려고 한다. 밥을 먹을 때는 밥맛에 집중하여 밥만 먹지 TV를 보거나 딴전 피우지 않으려 한다.

눈은 컴퓨터에 두고 왼손에 커피잔을 들고 오른손은 마우스를 조종하는 짓은 그만 할 것이다. 책을 볼 때는 음악조차 끄고 책에 몰두해야겠다. 한꺼번에 건성으로 대충대충 땜질식의 습관을 내려놓고 한 가지 일에 몰입하며 우선 느긋한 흉내라도 내고 싶다. 그릇이 되지 않으면서 욕심내어 다중 처리하려 흉내를 낸 것은 한 가지 일도 제대로 못하는 엉성한 삶의 다른 모습이었다. 정답이 없는 삶을 욕심내며 달음박질하던 날이 오히려 다부지지 못한 시간이었는지도….

초점없는 눈빛으로 창밖 하늘을 본다. 오늘도 구름은 유유히 흐른다. 바람이 분다고 한꺼번에 휘휙 사라지지 않는다. 삶의 패턴을 내려놓기가 쉽지 않겠지만 우선 뒷짐지고 걷는 흉내라도 내고 싶다.

빵순이의 전설

허출한 시간이다. 종종걸음으로 거리를 지나는데 친숙한 냄새가 유혹한다. 출출한 때 음식냄새에는 더 민감해지고 고분고분해지는 법이다. 나에게는 빵 냄새의 끌어당기는 힘이 언제나 버겁다. 마치 애절하게 부르는 착각마저 들어 가게문을 슬며시 밀게 된다. 언제나 그랬듯이 빵을 주섬주섬 주워 담는 동안 기분이 먼저 불러진다. 거의 무의식적이고 반사적으로 이어지는 행동들은 오래전에 각인된 자동화 프로그램 탓이었다.

빵을 눈으로, 코로 먹는 버릇은 언제부터였을까. 빵에 대한 남다른 집착으로 식탁 위에는 빵이 떨어지는 날이 별로 없다. 빵이 남아 있어도 슈퍼에 들를 때마다 몇 개를 더 담아야 마음이 놓인다. 그리 좋아하지 않으면서도 빵냄새를 뿌리치지 못하는 것은 어린 시절의 아킬레스였다는 것을 최근에 알게 되었다.

우연히 철대문집을 보았다. 골목길에서 본 철대문은 새마을운동 이전의 대부분의 대문과 같은 모양새이다. 희끄무레한 페

인트칠이 군데군데 벗겨져 녹슨 철판이 내보이기도 하여 얼룩덜룩하다. 창살모양의 댓살을 세운 두 문짝이 맞물려있고 쪽문이 열려있었다. 그 집 앞을 지나면서 나는 난데없이 그 쪽문 안에서 내 친구가 빼꼼히 내다보는 오래된 환상을 보았다. 유년 시절 내 친구집 대문과 흡사했던 그 대문은 수십 년 동안 내 기억 속에 저장되어 온 겨울날의 에피소드를 불러냈다.

어릴 적 나는 교회에 다니지 않았지만 크리스마스 날이면 매년 교회 부근을 어슬렁거렸다. 그날은 어느 교회에 가도 빵을 얻어먹을 수 있는 날이기 때문에 늦가을부터 손꼽아 기다리기도 했다. 그맘때는 크리스마스 추위가 어김없이 찾아와 얼마나 유난을 떨었던지 손과 발이 얼얼하도록 시렸지만 팥빵을 얻어보겠다는 일념을 꺾지는 못했다. 그 시린 손발보다도 마음이 더 시렸던 기억이 있다.

교회에 갔다. 동네친구들과 교회 앞에 도착했지만, 함께 간 친구들이 들어갈 때 눈 질끈 감고 따라 들어가지도 못하고 그렇다고 팥빵을 단념하고 돌아오지도 못한 채 교회문 앞에서 서성대고 있었다. 어렸지만 팥빵에 눈이 먼 행동이 양심에 저렸던 모양이다. 교회는 친구 집이기에 혹시나 친구가 나와서 나의 손을 끌고 들어가 주기를 하나님께 기도하고 있었는지도 모른다. 그때는 못 이기는 체하며 따라 들어갈 것이라 스스로에게 다짐까지 했을지도 모른다.

금빛 은빛 치장을 한 크리스마스 트리를 보는 척하며 대문 안쪽의 동정을 한동안 살폈다. 그렇게 기다리던 친구의 모습이 드디어 안쪽에서 보였다. 친구의 손에는 먹던 팥빵이 쥐어져 있었고 고소한 냄새를 풍기고 있었다. 친구의 표정을 살피는 동안 나는 빵냄새에 더 이끌렸을지도 모른다. 친구는 나에게 교회에 다니도록 늘 종용하고 있었던 터라 당연히 반길 줄 알았다. 대문 밖의 나를 발견한 친구가 쪽문으로 고개를 빼꼼히 내밀며 쌀쌀맞은 눈빛으로 변했다. "여기 왜 왔어?" "으응……." 대답이 궁했던 나는 얼굴이 달아오르는 민망함을 가눌 수 없어 엉거주춤 얼버무리다 집으로 돌아오고 말았다.

교회는 다니지 않으면서 팥빵만 챙겨보려던 속셈이 들킨 것은 어린 마음에도 참을 수 없는 부끄러움이었다. 그 일로 친구와 점차 멀어졌던 것 같다. 내가 친구를 멀리했다는 말이 더 맞을 것이다. 만나고 싶지 않았고 우연히 만나더라도 피하고 싶은 사이로 변해갔다. 그럼에도 불구하고 인연이 두터웠던지 같은 상급학교로 진학하면서 그 친구를 다시 만날 기회가 여러 번 있었고, 그때마다 나는 친구가 나의 그 모습을 기억하고 있을까봐 조바심을 내곤 했다. 내가 그 황당했던 사실을 잊을 수 없는 것처럼….

그 시절 빵은 떡보다 더 환영받는 품목이었다. 떡은 제사를 지내고 나면 연중 몇 번은 맛보는 데 비해 빵은 아주 귀한 손님이 올 때나 얻어먹을 수 있어 손님보다 더 귀한 손님이었다. 그 뿐 아니라, 멀찌감치 떨어져 있어도 자신의 존재를 알아차리게 하는 냄새로 어린 아이들을 꾀기에는 충분한 자극제였지 싶다.

빵 굽는 냄새는 나의 트라우마였다. 강산이 몇 번이나 바뀌는 시간동안 마음속 깊이 새겨진 유년시절의 아린 기억은 지금껏 빵집 앞에서 고분고분한 행동을 종용해 왔으니 말이다. 가족들이 지청구를 해도 빵만 보면 몇 개라도 사야 직성이 풀리도록 나를 조종해왔다는 사실을 이제야 알게 되었다.

돌아서면 잊기 십상인 기억력인데도 수십 년 된 일이 생생하다. 한번 저장된 마음의 충격은 무의식 깊숙하게 자리 잡고 집요하게 따라다니는 모양이다. 머릿속에는 좋았던 장면만 간직하면 좋으련만 아리고 씁쓸한 사건을 더 잘 저장하는가 보다. 오늘 본 철대문은 해묵은 기억을 떠올려 빵에 집착하는 이유를 스스로 깨닫게 해 주었다.

힐링 바람이 분다. 힐링Healing은 마음에 박혀있는 상처 조각을 치료하고 아물게 하는 일이다. 알게 모르게 스며든 좋지 않은 기억을 찾아내어 다독이고 보살펴서 본성本性을 찾는 노력이란다. 아직도 '어린 자아'를 보듬고 있는 나는 언제쯤 빵에서 자유로운 '어른'이 될 날이 올까.

어떤 인연

모임이 있는 날이다. 미리 가서 오시는 분들을 맞이해야 할 자리라 서둘렀지만 이미 늦었다. 늦게 나타나서 퇴직한 선배님들을 뵈려니 벌써 마음속에는 콩이 튄다. 꼭 이런 날이면 길은 더 막히고 신호등마다 내 발목을 잡는다. 웬 신호등이 이렇게 많고, 초록불은 이렇게 짧은지…. 바쁠수록 둘러갈 것을 대변하듯이 앞차조차 꾸물거린다. 한 말씀 들을 각오를 해야겠다.

아는 만큼 실행하기가 조련찮다. 세상은 오늘처럼 둘러가는 것을 요구하고 나 또한 평소에는 익숙한 척하지만 막상 눈앞에 닥치면 상황이 달라진다. 약속장소는 이전에 두어번 가 봤던지라 대충 길을 더듬어 가면 될 듯했다. 순간 지름길이 번뜩 생각났다. 그 길이면 다문 몇 분은 줄일 수 있을 것 같아 방향을 획 돌려 진입하는 순간 쫙 늘어선 차량행렬이 눈앞을 막는다. 모두가 질러가려는 내 생각과 같았나 보다. 왕복 이차선인 도로

가 꽉 차서 졸졸거리며 어쩔 수 없이 앞 차를 따라가고 있다. 소잡해진 마음을 더 다잡는다.

오늘처럼 어쩔 수 없는 날에는 조아리는 수밖에 없다. 우선 전화를 드려 구차한 변명이라도 늘어놓으며 지각을 알려야했다. 뒷좌석의 가방에 든 휴대전화를 꺼내려 브레이크를 밟는다. 발에 힘이 빠졌는지, 마음에 힘이 빠졌는지 차가 슬며시 미끄러져 앞차에 가서 부딪치고 말았다.

'설상가상'은 이럴 때 쓰는 말인가. 쿵 소리에 놀라 주변을 살피니 그때서야 약간의 경사가 눈에 들어온다. 얼른 문을 열고 나서니 앞차에서도 양쪽 비상등을 켜고 내린다. 아직 젊은 양반이라 그나마 다행이라는 속셈이 얼른 스친 나는 연신 미안하다는 말과 함께 연락처를 적어서 건넸다. 뒤에서 추돌한 경우는 전적으로 내 과실인 것을 알고 있었고 바쁜 시간에 왈가왈부할 수도 없었다. 좋은 기분은 아니겠지만 그 또한 우선에는 별 탈이 없어 보이는 차에 군말을 달지 않고 순순히 물러선다.

모임자리에 도착해서 한참 분위기에 익숙해질 무렵 문자가 날아든다. 저장되지 않은 번호인지라 광고문자쯤으로 알고 열었더니 뜻밖에 조금 전 접촉사고의 차주였다.

"가시는 곳까지 잘 가셨는지요~ 조금 전 차사고 상대방이구요 ○○○입니다. 쌍방 이름은 알아야겠기에. 저보다 더 놀라셨

겠죠? 기스는 약간 났지만 개의치 않을 정도이니까 넘 걱정마시고요~. ^^;" 지금까지의 접촉사고에서 경험하지 못한 배려에 더 미안할 뿐더러 전적으로 내 과실이었음에도 먼저 안부를 묻지 못한 내 마음이 한 계단 내려선다. 코 끝이 찡했다.

"미안합니다^.^ 마음이 급해서 그만…. 기분좋지 않겠지만. 털고 유쾌한 저녁시간 되세요." 하며 수묵담채화 사진 한 장을 첨부해서 송구한 마음을 날렸다.

"답례로 산수국 사진 한 장 보냅니다. 다친 사람이 없어 다행이네요. 운전하실 시간이 엄청나게 많이 남았잖아요. 그때마다 그림 그리듯 꽃보며 여유로우시기를요~^^ 고맙습니다."

자동차 접촉사고는 거의 쌍방과실이란다. 한 사람이 전적으로 잘못했을 경우는 별로 없고 약간의 책임은 나누어 져야한단다. 지금껏 애매한 상황에서는 상대방의 목소리에 눌려 변상해주기도 하고, 마음없는 사과도 해야 했다. 내 과실이 별로 없어 보이는 상황에서도, 상대방의 불공평한 제의를 수긍할 수 없어도 수용하지 않을 수 없었다. 속으로는 억울해할 뿐 좋은 게 좋다는 식으로 처리했다. 더구나 상대가 나이 많은 남자일 경우에는 명백한 자신의 과실일 때도 "여자가~~"를 운운하며 나에게 뒤집어씌우려는 것도 몇 번 당한 경험이 있는 나는 차량 사고가 나면 먼저 기선을 잡는 것이 중요하다고 생각해 오던 터였다. 그후 가끔씩 접촉사고가 날 때마다 나의 미숙함은 차치하고 상대의 잘못을 찾기에 급급했다. 며칠씩 속앓이를 피하는 자구책이었다.

세상읽기가 연륜과 비례하면 좋으련만. 깜짝 놀랐다는 내 기분에 치우쳐 당황스러웠을 상대방의 마음을 읽지 못하는 부박한 처신머리에 오늘 만난 젊은이의 행동은 깔끔한 본보기였다. 모임에 계신 선배님들께 조금 전에 있었던 일을 자초지종 말씀드리니 의아해 하면서 또 다른 흑심이 있을지도 모른다고 응수하신다.

어떤 종교적인 설법보다도 강한 깨침의 소리였다. 당황스런 상황에서 감정을 세우지 않고 오히려 마음을 데워줄 수 있는 당찬 여유가 부럽다. 전생에 어떤 인연이 있었기에 세상 사는 법을 한 수 가르쳐 주려 했을까. 돌아오는 길은 늘 '세상이 나를 어떻게 힘들게 하지는 않을까' 전전긍긍하며 사는 내 모습을 비춰보는 시간이었다. 사소하지만 세상을 이롭게 해보려는 마음은 언제나 바닥을 맴돌 뿐 덜 상처받으려는 데 급급하여 껍데기를 두텁게 만드는데 주력해 온 내 모습이 쪼그라든다.

그렇게 복닥거리던 도로가 지금은 휼빈하다. 거리의 불빛들이 유난히 나에게 다가서는 듯하다. 창문을 여니 선선한 바람 한 줄기가 내 몸을 감는다.

지지지지

폭염경보란다. 정점을 모르는 삼복날씨가 연일 수은주를 끌어올리고 어지간해서 물러날 것 같지 않다. 얼마나 세상을 달굴지 연일 머리뉴스를 차지한다. 자연은 기후의 변화에 적응하는 인간의 인내심을 길러보고 싶었을까. 한낮의 호박잎처럼 지친 표정들이 어둑사리가 들어도 후끈거리는 집에 들어가지 못하고 여기저기 머뭇거린다. 길가에 돗자리를 깔고 부채질을 하며 힘없는 눈빛으로 시간이 더 지나가기를 기다리고 있다. 이 또한 지나가겠지.

그들 사이를 지나오는데 다급한 소리가 들린다. "지지지지!" 웬 할머니가 일어서서 손사래까지 치며 목소리를 드높인다. 돌아보니 돌배기쯤 되었을까, 천지분별이 되지 않는 꼬맹이가 뭔가를 주워 입에 넣으려는 찰나였다. 할머니는 더욱 목소리를 높여 "지지! 지지!"하며 아이의 행동이 멈추기를 강요한다. 놀란 아이는 손에 집었던 것을 놓으며 울음을 터뜨렸다. 할머니는 그때서야 "~야, 이리 온나." 하며 목소리의 날을 누그러뜨린다. 아이는 자신을 부르는 쪽으로 걸음을 옮겨간다.

천방지축인 때인지라 그 또래 아이들은 꼭 먹어보겠다는 생각이 아니더라도 입에 가져가는 습성이 있단다. 꼬마아이도 자신의 눈에 그럴싸해 보이는 것을 반사적으로 입에 가져갔던 모양이다. 할머니의 저지에 행동은 멈추었지만 왜 입에 넣어서는 안된다는 것을 모른 채.

어쩌면 삶은 판단의 연속이다. 제대로 분별이 되지 않는 것이 아이만의 행동이 아닐 터이다. 분명히 해야할 일도 이래저래 걸려 제대로 결정을 못하고 망설이곤 한다. 제대로 된 결정을 못한 것이 내내 마음에 걸려 있을 때도 있고, 공정하다고 내린 의사결정이 인간적이지 못해 가슴을 아리게 하기도 하며, 인정에 끌려 엉뚱하게 마음을 정할 때도 있다. 나이가 들수록 아닌 것도 없고, 맞는 것도 없이 어정쩡해질 때는 스스로도 곤혹스럽다.

그 할머니는 〈도덕경〉의 말씀을 알고 계셨을까. 엊저녁에 읽은 〈도덕경〉 44장의 '지족불욕 지지불태 가이장구知足不辱, 知止不殆, 可以長久'의 이야기가 생각난다. 뜻을 풀어보자면 만족함을 알면 욕되지 않고, 멈출 때를 알면 위태롭지 않아 오래 갈 수 있다는 말씀이다. 끝없이 솟아나는 욕심을 경계하라는 말씀일 게다.

때를 알아차리는 것은 쉽지 않다. 일이 잘 풀리고 순조롭게 이어질 때, 이를 알고 더 욕심을 부리지 않을 정지선이라도 있으면 좋겠다. 또한 무리하게 서두르거나 집착할 때면 과속방지턱과 같은 제어 장치가 있어 제 속도대로 갈 수 있으면 넘어지지 않을 텐데……. 멈출 때를 아는 것으로 그치지 않고 실제 멈춰야하는데. 돌아보면 그칠 때는 알고 있었으나 "이번만, 딱 한번만 더, 마지막으로 한번 더…." 하며 밍기적거리다가 종잡을 수 없는 상황이 될 때도 없지 않았다. 그때는 내 의지로는 오도가도 못하고 타인의 처분을 따라야만 했었지.

되돌아보면 혈기왕성한 시기에는 내 자신의 의지로 살아가기를 갈구했지 싶다. 주변의 충고나 간섭에 예민하게 반응하면서 존재감을 세웠다. 그렇게 살았으면 나이가 들수록 더 현명하고 더 성숙된 판단이 되어야함에도 그렇지 못한 것은 어떻게 설명해야 할까.

사람에게는 과거를 먹고 사는 속성이 있다. 지나고 보면 그때가 봄날이었지만 정작 그때는 눈치채지 못하고 후회하는 것이 보통사람의 일상이라고 우기고 싶다. 사소한 먹성부터 한 숟가락만 더 먹고, 한 잔만 더 마시고, 오늘만은 포식하고 내일부터….

멈출 순간을 알아차리는 것이 세상살이를 성공하는 자세란다. '박수칠 때 떠나라' 는 영화제목이 사람들 사이에 유행어가

된 때가 있다. 주변사람들이 시선을 주고 부러워하는 때는 이미 정점에 도달했다는 것이다. 그러면 지금부터는 내려갈 길만 남았고 그 내리막길까지 시선을 받으려는 것은 과욕이란 말일게다. 남의 말하기를 좋아하는 주변인에게 오히려 질투의 씨앗을 심을 수도 있단다.

지분지족知分知足은 우리 조상들의 삶의 방식이었다. 욕심을 스스로 절제할 수 있기를 강조하는 말이다. 형편이 아무리 어려워도 남의 것을 넘보는 일은 삼가고, 주어진 여건이 힘들다손 치더라도 스스로의 처지에 만족하라는 것은 시대에는 뒤떨어진 생각일까.

지지지지知止止止, 멈출 때를 알고 멈춰야 할 때 멈춰라. 오늘 저녁 퇴근길에 본 할머니처럼 내 삶에도 그런 멘토가 있어 그 그늘에 들어서고 싶다.

3
나방과 하룻밤을

길이 끝나는 곳에서도 길이 있다
길이 끝나는 곳에서도 길이 되는 사람이 있다
스스로 봄길이 되어 끝없이 걸어가는 사람이 있다
– 정호승 「봄길」 중에서

나방과 하룻밤을

산장에서 하룻밤을 지냈다. 바라보이는 안개 낀 산을 밀었다 당겼다 하며 모처럼의 여유를 만끽할 요량이었다. 발끝에 차이는 시간을 뒤로 뒤로 밀며, 땅거미가 지는 시간에 어울릴 법한 빛바랜 그림자를 찾아 마음을 풀어헤친다. 오랜만에 누워보는 대청마루의 찹찹한 감촉이면 흑백사진 몇 장쯤은 불러내지 않을까싶다.

일치감치 어둑사리가 짙어진다. 장마철이라 산자락 끝에서부터 시작한 먹빛이 온 산중을 물들일 무렵 미처 생각지 못한 상황이 벌어졌다. 처마에 걸린 전등불빛을 보고 뭇나방이 찾아든 것이다. 처음에는 하나 둘 선을 보이던 것이 떼를 지어 몰려든다. 아마도 그 일대의 나방들은 죄다 빛 마중을 나온 듯했다. 나방은 하얀색, 거무튀튀한 색, 누르스름한 색이 주류이고, 손톱만 한 크기에서 손가락 세 마디만 한 크기까지 다양하다. 그들은 색깔이나 크기에 관계없이 한 마음이 되어 빛맞이 이벤트를 미리 준비하고 있었나 보다.

지금껏 나방의 생태에는 별 관심이 없었다. 단지 야행성이라는 사실만 알았을 뿐이고 이처럼 많은 무리를 가까이서 지켜보거나 살펴본 기억은 없다. 불빛을 돌며 나풀대고 너울거리는 몸짓은 끊임없이 계속된다. 미물인지라 힘이 부쳐서 쉬어가며 할 듯도 하고, 적당히 하다가 사라질 것도 같고 지쳐서 나앉을 거라 기대하면서 그들에게 시선을 빼앗기고 말았다.

전등불빛을 향한 춤사위는 사뭇 진지하다. 객을 맞이하는 행사일까. 주변의 풀익는 냄새가 그들을 부추겼을까. 해맑아지는 산속 밤기운에 도취되었을까. 나방들의 군무는 시간이 갈수록 장관이다. 전등불을 빙빙 맴도는 녀석, 한 자리에서 왔다 갔다 하는 녀석, 수직으로 오르락 내리락거리는 녀석들이 누군가의 지휘에 의해 각자의 역할을 해내고 있는 듯이 보였다. 바로 눈앞에서 펼쳐지는 한 여름 밤의 축제에 지금껏 징그러워했던 선입견이 잦아든다. 몸을 오싹하며 날개 위에서 내려다보던 나방이 더 이상 아니다. 한을 풀어내듯 끊임없는 그들의 몸짓이 비감해보이기까지 한다. 그들에게 빛을 향한 열망 인자는 언제 심어진 것일까.

'모쪼록 빛을 찾아 전진하라.'

전등을 켜둔 이상 그들은 멈추지 않을 듯하다. 우두커니 앉아 눈길을 떼지 못하는 내가 오히려 훼방꾼인지도 모른다는 생각마저 든다. 오랜만에 호젓한 시간을 가지려던 나는 결국 그들의 댄스파티에 쫓겨 마루의 등을 끄고 집안으로 들어왔다. 이젠 그들의 선망이 집안의 전등불빛으로 쫓아왔다. 방충망을 사이에 둔 그들의 빛을 향한 갈망은 연민의 정까지 불러낼만큼 집요하다.

'길을 열어주시오.'

가관이었다. 더 이상 양보할 수 없는 나에게 불빛을 사수하려는 그들은 단체시위로 맞대응한다. 바닥 가까이에 착지한 나방들은 망에 발을 걸고 사그락 사그락 위쪽으로 오르기 시작한다. 성벽을 오르는 군사처럼 꼬물거리며 한 칸, 한 칸 오직 빛을 향해 다가가려는 모습이 꼬리를 물고 이어진다. 망에 발을 잘못 건 녀석은 아래쪽으로 곤두박질치지만 포기하지 않고 이내 다시 오른다. 위쪽에 도달한 일행은 전등불빛에 조금이라도 더 가까운 쪽으로 몸을 옆으로 옮겨간다. 불빛을 향해 다가가려는 의지는 나방의 크기에 관계가 없다. 혹시 틈새라도 있을세라 빛을 향한 대행진의 무대로 돌변했다. 제 역할에 충실한 방충망은 순식간에 나방의 표본판이라도 된 듯 야단법석이 되었다. 관객이 있어 멈추지 않는 것은 아니겠지. 지켜보는 쪽에서 애잔

한 마음이 점점 쌓여간다. 결국 커튼을 치고 말았다.

나방은 나비와 태생은 비슷하지만 어감부터 다르다. 자신의 자태를 뽐내는 나비를 우호적으로 반기는 모습과는 달리 나방은 어쩐지 혐오스러운 느낌마저 갖게 된다. 그들은 오직 빛을 찾아가라는 유전자 덕분에 빛에 반응하여 날아드는 것이며, 달밤에는 등불에도 잘 모이지 않는단다. 빛에 대하여는 자극을 받은 각도를 유지하면서 날아가므로 나선형으로 빛에 가까워져 등불의 주위를 돌게 된다고 한다. 생김새가 비슷하고 같은 종임에도 시선의 차이는 주 활동시간이 낮과 밤으로 나누어진 이유일까.

애시 당초부터 서로의 입장은 구분되어 있다. 별도 없는 칠흙같은 산중에 전등불빛에 매달리기는 나방이나 나나 마찬가지지만, 전등불빛을 제대로 누릴 수 있는 자와 배척당하는 자는 이미 정해져 있다. 그 사실을 알든 모르든 특수임무 전투병처럼 불빛에 대한 죽을힘을 다하는 열정이 아름답다 못해 경이롭기까지 하다. 아니, 곡진한 마음과 선비같은 우직함에서 또 한 수 배운다. 그럼에도 불구하고 뭇나방을 막아 나를 보호해주는 방충망에 감사하는 마음은 또 무엇일까.

삶은 알지 못한다. 이미 결정된 시간을 알 수 없다 해도, 그 시간에는 고난과 상처가 함께 내포되어 있다 해도, 뿌득뿌득 걸음을 내딛는다. 지금 이 순간에도 길이 아닌 길을 찾아 사투를 벌이는 게 어쩌면 사람의 행로인지도 모르겠다. 마치 오늘 나방이 그랬던 것처럼.

새벽이 되자 그들은 어디론지 떠나고 없었다. 자신의 갈 길을 찾는 몸부림의 흔적만 고스란히 남긴 채.

앞만 보고 사느라

봄나들이에 나섰다. 벼르고 벼르던 날인데, 하필 아침부터 비가 내린다. 빗길에 장거리길을 나서기가 망설여지지만 겨우 맞춰 둔 날이라 미룰 수도 없어 더 운치 있을 거라고 마음을 고쳐먹기로 했다. 낯익은 시가지를 벗어나니 눅눅한 날씨와는 관계없이 일행의 기분은 습기가 가셔지는 모양이다. 가슬가슬해진 분위기속에서 살아가는 이야기들이 자불자불 쏟아진다.

의외로 빗속 나들이족이 많다. 좌락좌락 스쳐가는 소리를 내며 일상을 벗어나고 있다. 우리와 같이 생각한 모양이다. 마이카 시대에 살면서도 생각은 농경시대에 갇혀있는 내 한계에 슬며시 웃음이 난다. 다음 기회로 미루기를 주장했던 나는 차창밖의 풍경에 시선을 심었다. 제법 초록 기운이 오른 먼 산의 나무들이나 꽃망울을 키워가는 길가의 벚나무들도 내 생각과는 달리 반갑게 봄비를 즐기고 있다.

이런저런 생각을 하다 보니 어느새 거제도에 다다랐다. 해안 도로에는 '안개 낀 장충단 공원'의 노래가사처럼 안개가 자욱하게 깔려 한층 분위기를 돋군다. 아직 추적거리는 빗속이지만 봄내음을 찾아 온 상춘객들은 아직도 흥분을 감추지 못한 채 우쭐거렸다. 목소리에 힘이 실리고 나이에 걸맞지 않게 유치한 감탄을 쏟아내며 해방감을 주체하지 못하는 것은 다른 일행도 우리와 다를 바 없다. 모두가 행색에 걸맞으면 좋으련만 마음은 나이를 먹지 않으니….

수선화를 보러 곧곧이 농장으로 갔다. 수선화의 가녀린 자태를 보며 하늘거리는 봄을 맞이해보자고 의기투합한 차였다. 안내판이 보이는 입구에 내려 우산을 받쳐 들고 황톳길을 오른다. 처음에는 이리저리 덜 질퍽한 곳을 찾아 발을 디뎌보려 했다. 올라갈수록 봄비는 더 추적거린다. 발자국을 뗄 때마다 진흙이 수제비 반죽처럼 덕지덕지 달라붙었다. 신발을 풀섶에 비벼 흙덩이를 떼어내도 금세 황토범벅이 되고 만다. 희희낙락하던 목소리들이 차츰 가라앉고 말수가 줄어든다. 처음처럼 사뿐히 걸을 수도 없거니와 봄맞이 기분을 낼 상황은 점점 더 아니었다.

미끄러지지 않으려면 앞만 보고 걸어야한다. 신발에 흙을 덜 붙이려고 발걸음을 이리저리 떼어 놓는 엉거주춤한 걸음걸이는 가관이었다. 앞만 보고 걷는 내 걸음걸이를 누군가 보았다면 웃음거리였겠지만 나에겐 진지한 한 걸음이다. 점점 미끄러워지는 황토바닥에 엉덩방아를 찧지 않으려면 오직 발자국을 옮기는데 집중할 수밖에 없었다. 더 이상 걷기 힘들다는 우리 마음을 읽었는지 뒤 쪽에서 누군가가 "뒤로 돌아갓!"하는 소리를 낸다. 아무도 대꾸가 없다. 여기까지 왔는데 돌아서는 것도 쉽지 않다는 쪽에도 동의한 듯하다.

누군가가 우리에게 이런 길을 걸으라고 했더라면 따랐을까. 한참을 오르고 나니 이제부터는 내리막길이다. 오르막보다 더 미끄러워 조바심이 난다. 비가 와도 차를 타고 이동하면 별 무리가 없을 거라 생각한 나는 단화를 신고 갔던 터라 더욱 조심스럽다. 검은 구두는 갯뻘에 빠진 목선 꼴이었다. 얼마나 내려가야 하는지 아무도 모른 채 묵묵히 앞만 보고 발자국을 옮긴다. 앞사람 뒤만 보고 한 줄로 한걸음씩 내려디딜 뿐이다. 앞사람이 서면 같이 서고, 앞사람이 가면 앞사람이 밟았던 자리를 그대로 밟아가야 한다. 조금 전의 차 안에서 물안개가 피어오르는 앞산이나 밭 가득 방글거리는 수선화를 보고 싶었던 눈길이 아니다. 무엇을 보러 왔을까.

앞만 보고 따라 걷자니 내 삶의 발자국을 밟는 듯하다. 되돌아보면 나 또한 남들처럼 앞만 보고 살아왔다. 그들이 좇아가는 길을 부지런히 따라갔다. 낙오자가 되지 않으려면 한눈팔거나 멈칫거릴 수 없다고 은연중에 자신을 다그치기도 했을 것이다. 모양새는 늘 동동거렸지만 손에 잡히는 이렇다 할 것이 없어 요즘 들어 스스로 허허로울 때도 많아졌고, 가족들이 당연하게 생각하는 것에 섭섭할 때도 늘어났다.

가족과 이야기를 나누다 궁지에 몰리면 앞만 보고 살아서 그렇다고 둘러대곤 한다. 앞만 보고 산 일이 괜히 억울하기도 하고 섭섭하기도 하다가 어떤 때는 훈장감이라도 된다는 듯 의기양양해지기도 한다. 열심히 살았다는 뜻만 전하고 싶지 시야가 좁고 생각이 모자랐던 지난 시간의 모습을 들키기 싫어서 하는 말이면서 말이다. 여기저기 눈길을 돌리면서 땅 넓은 줄 알고 살아야 했는데 하루하루를 챙기는데 바빴던 발걸음이 새삼 모자람으로 다가선다. 진흙밭이 아니어도 스스로 진흙밭처럼 여기고 살아오지는 않았는지, 꽃구경은 고사하고 발걸음 떼기에 집중하면서 허둥거리지는 않았는지, 그러느라 달콤새콤한 맛은 구경도 못하고 넘기지는 않았는지…….

카르페 디엠carpe diem. '현재를 즐겨라'는 말은 흔히 하면서도 행동하기 쉽지 않다. 늘 머릿속의 대명제인데도 마음먹고 즐긴 하루가 별로 생각나지 않는다. 내 밖에서 내 거동을 바라볼 수 있는 눈이 있다면 오늘처럼 진흙길을 허둥지둥 걸어가는 형상이리라. 뭔가 깃발이 펄럭이는 곳이 있을 것임에도 제대로 보지 못한 채, 오로지 눈 아래만 살피며 걸어가고 있을지도 모른다.

그날, 바로 그곳에 있던 수선화를 두고 나는 무엇을 했는가. 마음으로는 수선화를 찾아 끊임없이 허덕였지만, 발걸음은 결국 진흙탕 사이만 맴돌고 있었던 것은 아닐까. 오늘 창너머 화단에 수선화가 다시 피었다. 그 노란빛이 참 따뜻하다.

머리 조심

풀냄새가 그립다. 온 사방에 신록이 펼쳐지고 있어도 코앞에 와 닿지 않아 발품을 팔기로 했다. 나같은 사람들이 많았는지 산 입구는 상춘객들로 대목장날처럼 붐빈다. 시선은 녹음의 변화를 좇느라 분주하지만 발걸음은 인파의 리듬에 자동적으로 합류하게 된다. 내 속도가 아닌 거대한 덩어리가 같은 속도로 숲을 향해 밀려들어간다. 한참 오르다가 갑자기 박자가 늘어진다. 마치 통행차단기처럼 인도를 가로지른 나무가 눈앞에 버티고 있다. 마치 검문이라도 할듯이.

누워 사는 나무다. 산행의 열기에 붐비는 인도를 가로질러 비스듬하다고도 할 수 없을 만큼 드러누워 있다. 길을 가로막고 누운 모습이 어찌 보면 앞만 보고 따라 오르는 인파의 속도를 저지하려는 장치 같기도 하고 어쩌면 양팔을 벌리고 길을 가로막는 개구쟁이의 억지처럼 보이기도 한다. 위로 뻗어 다문 얼마간의 햇빛이라도 얻어 채우려는 노력도 없이 무슨 속내인지 딱해 보인다. 그나마 이 많은 사람의 손에 싹둑 잘리지 않고 살아남은 게 신기할 따름이다.

나무는 무엇을 말하고 싶을까. 위로 뻗을래도 한 치의 여유도 없어 보이는 총총한 숲이 버거웠을까. 사람들이 길을 내는 바람에 흙이 털려나가 중심을 잃고 삶의 방향을 바꾸었을까. 꼿꼿하게 위로만 키워가는 행인들에게 '자신을 돌아보라' 고 고행의 자세를 힘들게 유지하고 있는지도…. 어쩌면 그 뜻을 헤아린 공원관리인이 솎아내지 않고 '머리조심' 패찰을 달아 주었을 게다.

나무는 허리춤에 '머리조심' 이라는 글자 색깔이 수시로 알록달록 변하는 첨단 네온사인의 팻말을 차고 있다. 어른 키의 눈앞에 마주치는 머리조심의 네 글자는 통과하려면 고개를 숙이거나 자세를 낮추기를 명령한다. 천하없는 사람이라도 고개를 빳빳하게 치켜들고는 지나칠 수 없다. 사람들은 통과의례를 따르며 무슨 생각을 할까. 나무 앞에서 한참동안 그 뜻을 헤아려본다.

'머리에 부딪치지 않도록 조심조심 지나가야겠다.'

'고개를 숙일 때 마음도 낮출 수 있겠다.'

고개를 숙이고 나무 밑을 지나는데 오래된 기억 한 자락이 번뜻 떠오른다. 십여 년 전쯤의 일이다. 어떤 모임에 처음 참석하여 분위기를 살폈다. 일찍 도착했지만 어느 자리에 앉아야 좋을지 엉거주춤하게 서 있는데 앉으라는 주변의 권유도 있고 계속 서 있기도 민망하여 제일 안쪽의 구석자리에 앉았다. 그 모임은 대부분이 동문들이라서 더러 안면이 있었다. 늦게 동참하게 되었지만 졸업기수는 앞섰기에 약간 마음을 놓으려는 순간이었다.

"미안하지만 저쪽자리로 가시겠어요?"

"뭐~ 그러지요."

상석과 하석이 구분되는 자리였다. 우두망찰하게 자리를 옮기면서 뭔가 이상한 기류를 느꼈다. 못 올 자리에 왔는지 되돌려보기도 하고 첫모임에서 혹시 실수를 했는지 걱정스럽기도 하여 마음이 쓰였다. 회의가 진행되는 내내 분위기도 근엄하고 식사시간에도 새로 온 나에게 말을 붙이는 사람이 별로 없어 묵묵히 밥만 먹었다. 화기애애한 여느 모임과는 분위기가 사뭇 다른지라 모임을 마치고 나오면서 잘 아는 후배에게 다가가서 작은 소리로 물었다.

"여기는 분위기가 좀 이상하네. 사람들이 잘 웃지도 않고…."

"아직 몰랐어요? 처음 왔으면 자세를 낮추라는 뜻이지요."

전혀 예상하지 못한 대답에 당황스러웠다. 평소에 알았던 후배의 모습과는 거리가 있는 당돌한 느낌에 멈칫했다. 뭐를 잘

못했을까. 아무리 생각해도 자세를 낮춘 것도 없지만 그렇다고 높인 것은 더더욱 없었다. 뭔가 석연찮은 답변에 어떤 대답을 해야 할지 몰라 빤히 쳐다보니 그 또한 다음에 보자며 휑하니 떠나갔다. 그 모임에 대한 사전 정보가 없이, 막연하게 동참을 좋아했던 나는 갑자기 머릿속이 어수선해졌다.

그때까지 나는 군대말고는 그런 조직이 있는 줄 알지 못했다. 그럼에도 불구하고 계속 그 모임에 참석하면서 특별한 룰을 살피기 시작했다. 뿐만 아니라 이후 그 모임에서 몸을 낮추려 노력하지 않을 수 없었다. 최소한 낮추는 척이라도 해서 그들로 하여금 먼저 들어온, 먼저 세러머니를 치른 선배대접을 하는 모양새를 갖추려했다. 지금껏 미처 생각하지 못하고, 내 눈에 띄지 못한 나의 언행을 조심하며 새로운 분위기에 어울리려 애썼다. 나이나 경력에 따르는 사회적 통념이 아닌 모임에 들어온 기수에 따라 서열이 정해지는 방식에도 점차적으로 익숙해갔다. 내가 첫 경험한 모습이 그대로 이어지는 장면을 봐도 눈감아 줄 정도로.

고개를 숙이면 절대 부딪치지 않는 법이다. 고개를 숙이고 몸을 낮추는 것이 힘드는 일은 아닌데도 쉽지 않다. 어쩌면 자신을 낮추는 것이 자신을 세우는 것일지도 모른다. '자세를 낮춘다는 것' 이 한동안 나의 화두였다. 먼저 공손한 태도를 보이는 것이

상대를 편안하게 하는 일인 줄은 이미 오래전에 머릿속에 저장되어 있지만 자연스럽게 행동으로 나오지 못하고 머뭇거린다.

시간이 제법 흐르는 동안, 말석의 내 자리도 점차 위쪽으로 옮겨갔다. 그러는 동안 "개구리 올챙이시절"의 일들을 잊고 지냈나보다. 오늘 만난 '머리조심' 나무는 빛바랜 사진을 되돌려 주었다.

문득 밀레의 〈이삭줍기〉가 생각난다. 농부가 이삭을 줍고 있는 그림이다. 어쩌면 고개를 숙이고 허리를 굽혀 겸손하고 너그러워지는 마음의 이삭을 줍고 있을지도 모른다. 한참 바라보고 있으면 나도 삶의 바닥에 널브러진 알곡을 주울 수 있으려나. 예전에 미처 몰랐던 소쇄한 메시지를.

너무 아까워요

경쾌한 기계음악이 들리는 듯하다. 따따 따따따아~ 따따 따따따아~ 병아리, 개구리, 곰, 강아지의 패턴이 눈앞에 어른거린다. 팔랑대며 자신의 존재를 알리는 동물들이 나의 오감을 유혹한다. 삼삼해진 나는 기어이 휴대폰의 앱을 찾고 만다.

퍼즐 게임인 애니팡에 매료되었다. 접속하여 몇 번 터치하면 새로운 세상이 펼쳐진다. 집들이 옹기종기 모여있는 마을인데, 게임의 한 단계를 성공하면 다른 집으로 이사할 수 있도록 설계되어있다. 자신이 도달한 위치에 화살표가 깜빡거리며 어서 시작할 것을 종용한다. 게임은 주어진 이동 횟수 내에서 미션을 성공할 때 다음단계로 올라갈 수 있게 되어 있어 바짝 집중하여 가로나 세로로 같은 모양의 동물이 줄지은 상황을 포착해야 한다.

휴대폰 홈 화면에 심심찮게 아이콘이 날아든다. 게임을 할 수 있는 하트가 다 찼으니 자신을 좀 찾아 달라는 애니팡 메시지이다. 내가 들락거린 흔적을 알아챈 게임이 '놀러오라' 는 친절한 안내에 마음이 또 슬며시 끌려간다. 남이 할 때는 어줍잖아 보였고, 안내 문자를 삭제하기조차 귀찮았는데, 이젠 빙긋이 웃음마저 보낸다. 내가 경험하지 않은 것을 이해하기는 어렵나보다. 머릿속이 복잡하거나 허전할 때면 아무 생각 없이 집중할 수 있는 특효약임을 직접 해보고 나서야 알게 된 것이다. 어느 날부터 자발적으로 클릭하며 그들을 내 곁으로 불러들이기 시작했다.

버스나 지하철에서 고개 숙인 채 뭔가에 몰두하는 사람들이 무엇을 하는지 은근히 궁금했다. 이전까지 거의 전화나 문자를 주고받는 용도로 폰을 사용했기에 게임의 맛을 알 턱이 없었다. 자투리 시간을 이용한다 해도 그들의 심각한 표정이 의아할 뿐더러 게임에 몰입하는 행동은 더 예사롭지 않아 보였다. 국민게임인 고스톱이 세대 교체된 듯 나이에 관계없이 제각기 폰 게임에 매달려, 스테이지를 완수하기 위해 매진하고 있다. 오로지 주의집중 할 뿐이다.

중학교 때 PC방을 제 방처럼 들락거린 아들 녀석은 시시때때로 애니팡에 넋을 놓는 제 엄마가 이해되었나 보다. 자신은 이미 통달해서 가소롭다는 듯이 빙긋이 웃으며 "또 뭐해요?" 하며 시비 아닌 시비를 건다. 무조건 야단만 쳤던 옛 모습이 떠올라 내심 움칫해진다.

민망해져서 100단계까지 도달하면 그만하겠노라고 일방적으로 언약했었다. 몰랐던 세계에 대한 편견으로 늘 잔소리를 해대다가 이젠 눈치를 보는 처지가 되고 말았다. 그 100단계가 벌써 지났지만 아직도 손을 끊지 못하고 누가 하트를 보냈는지 궁금해진다. 하트를 선물한 지인에게 나도 하트를 날리고 싶은 충동도 자주 인다. 그뿐이 아니다. 어서 재도전해서 레벨업하고픈 마음도 함께 나선다.

몇 번만 더 하면 그 스테이지를 성공할 듯하다. 하루 일과를 마치고 잠자리에 들 때면 그것들의 나풀거리는 모습이 눈에 어른거린다. 일과를 마치지 못한 것처럼 은근히 끌어당긴다. 일단 시작하면 삼십분은 기본이고 한 시간도 훌딱 지난다. 자정을 넘길 때도 없지 않았다. 내일 일과가 엄연히 기다리는 마당에 번번이 내 사전에 없는 일을 저지른다. 시간감각조차 놓아 버린 채 시작하기 버튼 위에 하트가 튀어 내리며"레디~ 고!"하는 지시음을 좇아간다. 좌우상하의 같은 패턴을 찾아 시린 눈동자를 다시 굴린다. 될 듯 될 듯하면서도 제대로 완수하지 못하는 것에 아쉬울 뿐만 아니라 오기까지 발동한다. 오직 미션 성공만이 목표이다. 눈앞의 깜박거리는 패턴에 오감을 집중하느라 더 나은 패턴을 놓칠 때도 더러 있다. 머릿속도 아주 단순해진다. 실패하고 다시 도전하고 또 실패하고…….

도전정신이 가상했나 보다. 프로그램에서는 번번이 실패하면서도 끈질기게 재도전하는 용기에 보너스 포인트까지 주며 격려한다. 요행히 같은 패턴 네 개를 일렬로 맞출 때도 있다. 연기 자국을 남기며 한꺼번에 터트려지는 효과음을 따라 나도 쾌재를 부르며 속으로 '그래, 이번만이야. 딱 한 번만 하고 끝이다.' 하며 주어진 과제를 지워나간다. 이리저리 같은 패턴을 찾아 맞추기보다는, 하다 보니 우연히 맞아떨어지는 경우가 더 많은 수준인데도 자꾸 빠져들어갔다.

사이버 세상도 냉정하기는 마찬가지다. 미션 성공을 눈앞에 두고 딱 한 번의 이동기회가 모자라도 게임은 야멸차게 끝나고 만다. 다시 처음부터 도전해야 한다. 그러고는 "너무 아까워요. 다시 도전해 볼까요."라며 위로하는 척한다. 실은 계속 놀기를 부추기면서 말이다.

게임은 삶의 축소판이다. 요리조리하면 될 듯한데 생각만큼 되지 않는다. 시행착오를 반복하다보면 우연을 가장하여 미션을 성공할 때도 없지 않다. 게임을 하면서 익혀온 습習들에 매여 스스로 부대끼더라도 그 모두가 정도正道는 아닌 바에야, 봄을 기다리는 겨울나무처럼 참고 견뎌내는 것만이 내 몫이라는 거창한 메시지를 얻었다. 삶의 본성 또한 이럴진대 내 탓 네 탓 하며 아웅댔던 한낮의 파노라마가 슬며시 다가선다.

해피 투게더

“좋아! 좋아! 해피 좋아!”

“좋아! 좋아! 해피 좋아!”

지인이 집에 기르는 강아지를 어르면서 하는 말이다. 밑도 끝도 없이 수시로 애정표현을 하며 흥얼댄다. 자식들을 다 키운 지인이 아이들에게 쏟던 살가운 마음을 강아지에게 전이한 모양이다.

10년 전쯤 강아지를 어르는 모습을 처음 보았을 때는 하도 가관이라 어이가 없었다. 더 황당한 것은 강아지가 주인이 읊조리는 말을 알아듣는 것이었다. 부산을 떨다가도 주인이 자신에게 좋은 느낌을 전하는 것을 직감적으로 알아차리고 갑자기 눈빛이 순하게 변했다. 내숭을 떠는 짐승의 행동이 낯설었다. 눈을 감고 턱을 쭈욱 내밀고 엎드려 자는 척하고 있다가도 귀를 쫑긋거리면서 말똥말똥한 눈으로 주인의 사랑을 주워 담으려는 모습도 깜찍했다. 그뿐이 아니다. 주인이 어쩌다 자신이 좋아하는 음식을 만들 때면 용케 주인의 마음을 알고 더 착해지는 듯하며 평소의 억지를 자제한다고도 한다. 비록 짐승과의 인연이지만 마음을 주고받는 주인도 강아지도 모두 행복해 보였다.

하물며 말이 통하는 사람과의 소통이 점점 어렵게 느껴진다. 마음결이 점점 얇아지는지, 입장의 차이를 생각하면서도 어줍잖은 소리에 흠집이 나기도 한다. 사소한 말 한 마디가 목에 걸려 마음이 요동칠 때도 없지 않다. 시간이 좀 지나고 보면 별 것 아닌 말이지만 그 당시에는 받아들이지 못한 채 귓전을 맴돌게 한다. 상대는 별 생각없이 그냥 하는 말인데도 이면의 뜻을 지레짐작하여 마음이 헝클어진다. 이해가 안되는 것은 그냥 흘리고 통하는 것만 주워 담을 수 있는 거름망이 있으면 좋으련만.

이해인 시인은 「나를 키우는 말」이란 시에서 "행복하다고 말하는 순간 마음 한 자락이 환해진다."고 읊고 있다. 행복이 주어져서 행복해지는 것이 아니라 행복하다고 생각하면 행복해진다는 것이나. 동진의 양면처럼 어느 면을 보느가에 따라 자신의 기운이 달리 흐르게 된다는 말인가 보다.

말을 잘해서 얻는 행복감이 강조되는 때이다. 남들을 기쁘게 하는 말을 계속 하다보면 듣는 사람보다 말을 하는 사람의 마음이 더 투명해지고 밝아진다는 말에 공감이 간다. 칭찬하는 말, 사랑을 전하는 말, 배려하는 말은 말하는 사람이나 듣는 사람에게 보약임에 틀림없다. 듣는 사람이 맑아진 에너지로 기분이 환기되는 것은 말 할 것도 없고 말을 하는 사람의 마음에도 이미 여유 한 자락이 깔려져야 가능하기 때문이다. 옹달샘처럼, 말에 고운 향기를 실으려면 먼저 내면을 맑은 기운으로 채워야할 터이다. 어쩌면 듣는 이에게 가는 기쁨의 크기보다 스스로 자아낸 기쁨과 자신에게 되돌아오는 기쁨을 합친 것이 더 클수도 있을 것이다.

좋은 말을 건네는 것이 서로에게 보약임을 알고 있어도 인색한 하루를 보내기가 다반사이다. 늘 밝은 면을 먼저 보고 긍정적인 느낌을 전하다보면 그 사이의 관계도 튼튼해진다는 것을 알면서도 실천이 참 어렵다. 내 마음도 내 뜻대로 되지 않으면서, 남의 마음을 내 마음대로 제어하려는 것은 따지고 보면 어불성설일뿐더러, 상대의 입장에서 보면 당연히 눈감아 줄 만한 일인데도 우기게 된다. 그래서 옛 어른들은 알아도 모르는 척, 봐도 못 본 척, 들어도 못 들은 척하면서 남의 허물을 덮으려 했나보다.

지금 모처럼 내 마음은 평화롭다. 평화는 상대방이 내 뜻대로 되기를 바라는 마음에서 벗어날 때의 상태라고 한다. 행복은 그런 마음을 스스로 위로할 때이며 기쁨은 비워진 마음이 위로 받을 때라고 한다. 말이 통하는 사람이 되고 싶다. 어설프지만 가는 말에 편안한 마음을 먼저 깔아야겠다. 오늘은 내 마음속에서 맛좋은 말 한 두레박을 올려 보련다.

아홉수

“유리하다고 교만하지 말고 불리하다고 비굴하지 말라.” 불경에 나오는 문구이다. 인간인데 어찌 교만하지 않을 수 있으며 비굴하지 않을 수 없기에 스스로 경계하라는 의미인가 보다. 상황이 조금 나아졌다고 자신도 모르는 사이에 목소리에 힘이 들어가다가 조금 기울어진다고 마음이 먼저 뒤뚱거리기 시작하여 침소봉대하는 모습에 대한 경책일 것이다. 상대를 의식해서 쓰는 말이기보다는 자신의 언행을 둘러보면서 내면의 상태를 염두에 둘 때 더 의미있는 말이 되는 듯하다.

서른 끝자락의 늦가을쯤으로 기억된다. 여느 날과 같이 싸아한 바람을 맞으며 허둥지둥 출근길이었다. 그때만 해도 낙엽을 한 자리에 모아서 많이 태워 없애던 때이다. 아침부터 낙엽을 태우는 매캐한 냄새를 맡았다. 으레 그맘때쯤이면 곳곳에서 있는 일인데도 그날의 나는 유독 낙엽 태우는 냄새에 과민반응을 했다. 어줍잖은 낙엽 냄새를 마치 화장장의 냄새로까지 확대 해석하여 인생의 끝자락에 선 것 같이 가라앉았다. 무슨 영문인지 온종일 일이 손에 잡히지 않아 들었다 놓았다하면서 우왕좌왕하였다.

왜 그런 기분에 휩싸였는지 그 정체를 알 수 없다. 계절이 늦가을이라서 그랬을까? 엊저녁 아이를 심하게 나무란 일이 마음에 걸린 탓일까. 요즘 들어 유난히 바빠진 업무 때문인가. 다람쥐 쳇바퀴 같은 하루하루에 대한 진력이 났다. 잎들이 사라진 텅 빈 나무만 멍하게 바라보고 서 있던 나는 퇴근 무렵에는 기분이 완전히 주저앉고 말았다. 모두가 되돌아간 텅 빈 공간에 혼자남아 내 삶의 모습을 되짚기 시작했다. 나는 무엇으로 사는가. 어떻게 살고 있는가.

그 나이대의 평범한 모습인 아이들 뒷바라지, 가사일 챙기기에 급급한 모습으로 나 또한 그렇게 살고 있었다. 그저 아이를 키우고 때맞춰 밥하는 살림살이에 충실한 아낙이면 만족할 만한 자화상이지 않은가. 겉으로 보기에는 지극히 정상적인 생활인데 낙엽 태우는 냄새가 단초가 되어 뒤죽박죽 헝클어지다니……. 밥맛도 없고 며칠을 잠도 설쳐가며 끙끙거렸다. 순전히 주관적인 관점이긴 해도 내 삶에 대한 평가는 낙제점 이하였다. 집안 식구들조차 보기 싫고 아이들도 내 발목을 잡는 족

쇄처럼 귀찮은 존재로 느껴졌다. 빈 껍질의 자아가 소리 없이 굴러가고 있는 듯했다.

그럼, 어떻게 해야 한단 말인가. 막막하였다. 구체적인 대안도 없이 삶의 의욕을 하루아침에 송두리째 빼앗긴 내 꼴을 누구에게도 하소연할 수 없었다. 괜히 지금까지 누군가가 나를 속박하고 있는 것처럼 억울하기도 하였다. 겨우 생각해 낸 것이 '내 자신을 위한 시간을 확보해 보자' 였다. 하루살이처럼 허겁지겁 살면서 잊고 있었던 자각의 눈을 뜬 것이다.

'내가 좋아하는 것이 무엇인가'

'나를 위하는 것이 무엇인가'

문득 배움에 욕심이 많은 자신의 모습이 스쳤다.

'그래, 뭔가 배워보자. 하루 중 나를 위한 시간을 할당해보자'

다시 배움의 기회를 갖는 것이 수렁에 빠진 자신을 구하는 것이라 결론지었다. 말 걸기조차 머뭇거리며 눈치를 살피는 가족들에게 선포하다시피 일방통보를 해버렸다. 하도 당당하게 나오니 가족들은 가타부타 반응조차 하지 못했다. 평소답지 않은 행동을 어처구니없어 하던 가족들은 각자 자신이 잘못한 것이 있는지 조심하는 것도 느껴졌다. 아니 혹시 말을 잘못해서 더 큰 분란을 일으킬까봐 슬슬 피하는 것 같이 보이기도 하였다. 마치 태풍전야처럼…….

퇴근 후 영어학원에 다니기 시작하였다. 강산이 변해도 한참 변했을 시간동안 놓고 있었던 영어공부를 다시 시작했다. 젊은 청소년들과 어울려 수업을 받으면서 민망한 때도 많았다. 잊어버린 단어를 사전에서 찾고 억센 발음이 말하기를 주저하게도 했지만 새로운 도전은 삶에 대한 작은 기쁨이 되어 주었다. 다시 자신을 지탱할 수 있는 버팀목을 세운 것이다.

그 일을 계기로 이런저런 배움의 자리를 기웃거리게 되었다. 한 십년 남짓한 시간을 투자하면서 맛본 작은 보람들에서 존재감을 찾는 듯싶었다. 그 와중에 하나를 얻고자할 때는 내 손에 쥔 떡을 내주기도 하고 또 다른 가치를 포기해야 한다는 이치도 함께 깨우치게 되었다. 인생은 공평하다는 것을 체험하는 시기였다. 맞다. 하나를 얻으려면 하나를 비워야지.

더 돌아보면 스물아홉에는 오만방자 그 자체였다. 남이 하는 대로 따라 살았으면서도 혼자만 대궐공사를 하는 것처럼 번지르르하게 뽐냈다. 마치 촌뜨기가 도회지구경 한 번 한 뒤에 시골 친구들에게 도시 소년이 다 된 듯이 으스댔다. 결혼을 하지 않은 친구에게 인생기초공사가 완료되었다고 큰소리치기도 하였다. 내 아이들이 혹시 천재가 아닐까 하는 착각도 했지 싶다. 하룻강아지 범 무서운 줄 모르는 것처럼 덤비며 뜨겁게 살았다. 지나고 보면 오십보백보인데 말이다.

다시 그 아홉수에 걸려있다. 지천명, 하늘이 준 목숨의 길이를 가늠해야하는 때란다. 저승 갈 때 가져갈 것과 버리고 갈 것들에 대한 대차대조표를 만들어야 한다고도 들었다. 더불어 사는 삶에 대한 고리도 더 튼튼하게 만들어야 한단다. 이젠 겉치레보다 내면을 살찌우는 일을 찾아야한다는 책속의 글귀도 눈에 띈다. 내 삶에서 진실로 소중한 것들이라고 당당하게 말 할 수 있는 것들을 찾아야한다. 빛 좋은 개살구 만들기 프로젝트를 수행하던 십년이 헛되지 않으려면 다시 십년은 알맹이를 채울 수 있는 수행과제를 제대로 정해야 한다.

인생의 끝자락에 설 때쯤에 어떤 자화상이 그려질까. 그 무렵쯤이면 유리하다고 교만하지 않고 불리하다고 비굴하지 않을 '진짜 용기' 가 생길까. 나의 삶은 어떤 향기를 남길 것인가.

이심이 전심된 날

날씨가 궂다. 근래에는 뻔한 봄날은 며칠 안되고 겨울인지 여름인지 분간조차 어렵게 변덕을 부린다. 오늘은 그 몇 날 되지 않는 봄다운 날 중에 새 햇살을 찾고 싶다. 뭔가 바깥나들이를 했으면 싶어도, 날씨에 걸려 늘어지는 몸에 망설이는데 문득 영화관 생각이 났다.

'봄맞이 영화 관람' 이라는 명목으로 영화 프로그램을 검색하다보니 괜찮을 듯한 프로가 눈에 뜨인다. 낮잠을 자든지 방안에서 뒹굴며 '몸말 들어라' 는 유혹을 뿌리치고 집을 나선다. 오랜만에 영화관을 칫디보니, 그도 나도 티켓가격이 얼마인지 잘 모른다. 무조건 신용카드를 내밀며 슬쩍 옆 창구를 보니, 젊은 이들이 카드를 이것저것 꺼내어 할인을 받느라 즐거운 표정이다. 그들처럼 영화마니아가 아니면서, 나도 지갑을 열어 신용카드와 포인트 카드를 꺼내 하나하나 보여주지만 해당 사항이 없단다. 남들처럼 당연히 받아야 할인을 받지 못하는 것이 은근히 마음에 걸린다. 이왕에 내친걸음인데 그냥 돌아갈 수는 없어 뒤에 서 있는 그의 눈치를 살핀다. 그도 알아들었는지 말없이 고개만 끄덕한다. 눈빛으로 소통이 된 우리는 정가대로 가격을 치르기로 했다. 야무지게 챙겨온 젊은이들의 준비성에 은근히 부러운 웃음을 지으면서.

'비싼 만큼 즐기면 되겠지.' 촌닭이 장에 온 듯, 어설픈 중년 나이를 책망하며 가격만큼 즐겁게 보자고 스스로 위로했다. 표를 끊어 영화상영관을 찾아 에스컬레이터를 오르지만, 뭔가 밑지는 기분이 자꾸 스며든다. 몸은 위로 오르고 있으나 마음은 따라 오르지 못하고 제자리를 뱅뱅도는 듯하다. 봄나들이 기분이 얼마 되지 않는 할인액에 구겨진다.

바가지 쓰는 기분을 바꾸려 하며 고개를 드니 에스컬레이터 위에 걸린 전광판의 광고 글이 자꾸 바뀌면서 눈길을 끈다. 그런데 '**회사원은 이천원 할인에 팝콘 큰 통 한 통과 음료수 두 잔이 추가로 주어지는 이벤트 중' 이라는 문구가 눈에 확 들어온다. 눈이 번쩍 뜨이지 않을 수 없다. 오르던 에스컬레이터를 내려, 매표소쪽으로 내려가는 에스컬레이터를 갈아탔다.

계산대에서 확인을 하니, 정산 후 팝콘과 콜라교환권을 내민다. 옆에 섰던 그는 순간적으로 "그건 필요 없는데요~~" 라고 말이 튀어 나가다 분위기를 파악했는지 말꼬리를 낮추면서 나를 쳐다본다. 평소의 습성대로라면 필요없는 것이 맞다. 그러나 이건 공짜로 주어지는 것인데 굳이 사양할 필요가 있나. 더군다나 영화 관람객들의 능숙한 행동들에 어울리지 못해 마음쓰이던 차에. 눈을 찡긋 했더니 교환권을 받아 쥔다. 머릿속 판단과는 상관없이 순간적으로 그도 이미 공짜의 유혹에 넘어간 모양이다. 우리는 개선장군처럼 당당히 스낵코너로 발길을 돌렸다.

스낵 코너 총각은 무료교환권의 내용을 확인하고 중절모만큼 큰 통에 팝콘을 가득 담아 준다. 나는 "이것 다 못 먹겠나."고 말하면서도 이미 내 손은 팝콘 통을 덥석 받아 쥔다. 무료지만 줄 만큼 채워주는 점원의 착한 마음과 다 못 먹을 양이면서도 사양하지 않는 내 마음이 엇갈린다.

"콜라는 그냥 둘까."

"아니, 콜라 대신 다른 음료는 없어요?"

이왕에 주어진 기회라면 모두 이용해야지. 친절한 점원 총각은 우리를 힐끗 보더니 오렌지 맛도 있다며 즉각 주황색 탄산음료를 권한다. 세대에 맞는 음료 추천에 감사하며 "그럼, 그것으로 주고 얼음은 넣지 마세요."라며 찬 음식이 거슬리니 양을 적게 달라는 뜻으로 말했더니, 우유 두 통은 족히 들어갈 큼직한 컵에 탄산수만 가득 채워 건넨다. 양이 너무 많지만 일단 받아들고 보니 마음이 또 달라진다. 음료수 컵 속에서 뽀글거리는 공기방울처럼 기분은 계속 에스컬레이터를 타고 있는 듯하다.

나는 평소 팝콘이나 탄산음료수를 좋아하지 않는다. 당연히 영화관에 가도 그런 것을 샀던 기억이 없다. 그것들은 이미 내 나이 또래의 관심이 아니기도 하여, 다른 사람들이 영화를 볼 때 먹는 스낵에 대해서 별 관심이 없었다. 그럼에도 불구하고 오늘은 팝콘과 영화는 떨어질 수 없는 사이처럼 거의 모든 입장객의 손에 들려있는 것이 눈에 들어오는 것은 무슨 조화인가. 팝콘이나 탄산수가 영화 관람객의 필수품인지 아니면 젊은이들의 필수품인지는 모르겠다. 어쨌든 오늘의 이 모습이라면 우리도 그 축에 충분히 합류할 수 있겠다.

모처럼 이심전심이 되었다. 눈은 스크린에 두고 있지만 손은 부지런히 팝콘 통을 들락거린다. 팝콘을 안먹는다는 말을 왜 했는지 싶을 만큼 수북하던 팝콘이 어느새 쑥 내려가도 손놀림은 쉬지 않는다. 입안이 까끌거릴 걱정도 있으련만 두 손은 입에서 팝콘 통으로 오르내린다.

오늘 마음을 저울질당했다. 평소의 먹성과 관련없이 '주는 것을 굳이 마다할 이유가 없지 않나.' 며 잠자코 받았고, 팝콘과 탄산음료를 마시며 이벤트를 즐겼다. 본영화가 시작되기 전인데도 팝콘 한 통과 탄산음료 두 컵이 동이 났다. 영화를 안보아도 좋을 만큼 봄맞이 기분이 살아났다. 조금 전까지 켕기던 마음은 간 곳 없고 우쭐해지기까지 한다. 우리는 마주보며 히죽 웃었다. 공짜를 좋아하는 마음을 보고. 오랜만에 합해진 마음을 보고.

다소유多所有

녹음이 우거지고 있다. 푹신한 솜이불을 덮은 듯한 산등성이 들이 보는 눈길을 푸근하게 감싼다. 계절을 가르는 데 어김없는 자연은 넉넉한 풍경을 준비하는 날이 있었듯 멀지 않아 비워내게 될 날을 준비하고 있을 게다. 이파리 하나 남김없이 떨쳐버린 날에 다시 여름날을 기대했듯이, 머잖아 홀가분해질 숲의 모습을 당겨서 본다.

지난 2월 말에 선배 한 분이 퇴임을 하셨다. 항상 일에만 매달려 사신 분이라 사십여 년을 함께하던 일손을 놓고 어떻게 지낼지 궁금했다. 전화를 드렸더니 집안 대청소를 하신단다. 몇 십년동안 묵은 살림살이를 꺼내어 버릴 것과 남길 것을 가르는 중이란다. 방방이 쌓여가는 세간을 그대로 보아두기만 하다가 퇴직과 함께 단호한 결심을 하셨나보다. 아까워서 못 버리고 있던 것들을 필요한 사람에게 주는 작업을 한 달째 하고 있단다.

채우는 기분과 비우는 기분의 무게가 어떻게 다를까.

청소 후의 개운함이 함께 묻어오는 전화음성에 어쩐지 주눅이 든다. 집 구석구석 쌓아두고, 끼워두고 사는 우리 집 풍경이 함께 겹쳐온 때문이다. 잘 버리지 못하는 성격이 방이나 창고 속에 차곡차곡 쌓여있다. 창고 속 박스에는 무엇이 들어있는지도 모른다. 없어도 별 아쉬울 게 없기에 지금껏 관심을 두지 않는 것도 사실이다. 언젠가 짬을 내서 정리해야지 하며 벼르기만 하다가 이제는 그런 생각조차도 하지 않고 익숙해져버렸다. 옷장 속에는 한 해에 한 번도 걸쳐지지 않는 옷이 더러 있다. 유행이 지났거나 손이 가지 않는 옷을 과감하게 정리하려고 마음먹지만 막상 버리려고 하면 마음이 번번이 돌아앉는다. 변명도 가지가지다. 아직 본전 생각이 나는 옷, 내년에는 꼭 입을 거라 애착이 가는 옷, 편한 맛에 손때가 묻은 옷들이 제 나름의 핑계를 대며 말을 걸어온다.

십여 년 전, 지금 살고 있는 집으로 이사 올 때의 일이다. 이삿짐센터에서 온 직원들은 "이렇게 짐이 많은 집은 처음 보네." 며 불평을 했다. 네 식구 사는 데 그렇게 많은 살림살이가 필요한지. 내가 봐도 욕심이 덕지덕지 붙은 것 같아 민망하였다. 없으면 없는 대로. 안보이면 안보이는 대로. 짐정리를 하는 분이 정리해주는 대로 살았다. 그 후로도 계속 사다 모으기만 했지

내다 버린 기억은 별로 없으니 더 늘었을 것이다. 혹시 저장강박증에 걸리지는 않았을까.

내 살림살이가 느는 데는 마트도 일조했다. 마트가 생기고 나서 손이 더 커졌지 싶다. 낱개로 사기보다는 대용량이 약간 저렴한 탓에 마음을 저울질당할 때도 많았을 뿐더러, 꼭 필요해서라기보다는 꼭 필요하리라는 견물생심見物生心으로 사는 경우도 적지 않았다. 채우는 기쁨은 몇 번 이사를 하면서 집 크기에 관계없이 구석구석 채워갔다. 미리 준비하지 않으면 불안한 습성이 있는지, 쇼핑으로 자주 스트레스 해소를 하는 습관 탓인지, 정리정돈에 무관심한 성격 탓인지 아직도 알 수 없지만.

소비가 미덕인 시대를 산다. 살아가는데 꼭 필요한 것만 챙겨야함에도 먹성이나 입성에 지나치게 많이 애착을 갖는다. 어쩌면 궁핍했던 과거에 대한 보상심리일 수도 있겠다. 넘쳐나는 물질 풍요의 시대를 맞아 꼭 필요하진 않아도 원하는 것들이면 사들이는 것이 애국일까.

국민소설가 박경리는 『버리고 갈 것만 남아 홀가분하다』는 유고 시집을 남겼다. 삶을 마무리하는 시점에서 자신의 삶에서 가져갈 것과 버리고 갈 것을 살피는 일이 중요할 것이다. 필요 없는 것들이기에 버리려고 마음을 먹고 그래서 홀가분하다니 얼마나 대단한 발상인가. 미련없이 훌훌 털고 떠날 달관의 경지에 이른 그녀의 정신세계가 엿보인다.

삶에도 다이어트가 필요하다. 인생 곡선에서 사들이고 모으는 시기가 있었다면 줄이고 버리는 시기가 있어야 한다. 돌아보니 늘려가고 보태어가는 기쁨만 알고 있었기에 채우는 즐거움만 찾았을 뿐 비우는 기쁨에는 관심없이 살았다. 내리막길에 들어선 지금, 삶의 군더더기를 하나 하나 줄일 때가 되었으리라. 법정스님도 긴요하지 않은 것들을 갖지 않는 것이 무소유의 삶이라고 하지 않던가.

빈 공간이 있어야 여유로워진다. 마음이 비좁을 땐 아무리 넓은 공간이라도 좁게 느껴지고 덜 좁은 공간이라 해도 마음 평수에 따라 넓어지기 마련이다. 아직도 삶의 여백을 찾지 못하고 빠듯하게 사는 내 모습이나 구석구석 채워가는 우리 집이나 다를 바 없다. 빼곡하게 채워가는 살림살이를 보니 새삼스럽게도 내 마음에 내려앉은 두툼한 먼지가 보인다.

남새밭의
이야기꾼

4

해병대 용사

저것은 벽
어쩔 수 없는 벽이라고 우리가 느낄 때
그때 담쟁이는 말없이 그 벽을 오른다

– 도종환 「담쟁이」 중에서

역

역에 왔다. 대합실은 언제나 붐빈다. 나 역시 바쁜 걸음걸이로 그들의 뒤를 따른다. 시끌벅적한 기류를 벗어나 종종걸음으로 예약된 자리를 찾아간다.

기차를 탄다. 좌석표를 확인하고 복도 쪽 내 자리에 앉는다. 창 쪽을 예약한 옆자리의 청년이 잠시 비켜달라는 눈인사를 한다. 그가 들어갈 수 있도록 몸을 옆으로 돌려 기다린다. 옷깃을 스치는 인연을 만난 모양이다. 약간 상기된 표정으로 말을 건넨다. 그는 기독교인인데 봉사모임이 있어 오랜만에 기차를 탔다고 묻지도 않은 이야기를 먼저 풀어낸다. 초면인데도 이런저런 세상사는 이야기를 주섬주섬 챙기는 것을 보면 상냥한 성격이다. 주말인데 가족들과 함께하지 못해 미안하다는 속내까지 턴다. 툭툭한 내 성격이 돌아봐진다.

기차가 출발한다. 시가지를 벗어나면서 슬슬 속도를 높인다.

천정에 달린 모니터에서 시속 300킬로미터를 웃도는 속력이 안내된다. 차창 밖의 먼 풍경조차 휙휙 달아난다. 싹싹한 성격인데도 화제가 궁해졌는지 휴대폰을 꺼내서 영화를 보는 모양이다. 정차역을 알리는 안내 멘트와 함께 음악이 흐른다. 여기까지 동행해 온 그는 귀에 꽂았던 이어폰을 빼고 줄을 뭉치면서 내릴 준비를 한다.

기차가 멈춘다. 옷깃을 스킨 인연은 공손하게 인사를 하며 자리를 떠났다. 만나고 헤어지는 것이 인생의 여정이겠지. 세익스피어는 햄릿을 통해 인생을 무대 위에서 펼치는 3류 배우의 연기라고 하였다. 그리 배역이 많지 않은 자신의 소임을 다하면 지체없이 떠나는 역할에 만족하는 것이 인생이란다. 내게 주어진 역할연기를 하면서 같은 공간에 있는 사람들과 관계를 엮어가라는 말이리라. 객실에는 다시 정차를 알리는 안내 멘트와 함께 음악이 흐른다. 또 내 옆자리에는 어떤 사람이 탈지, 그 누군가와의 만남에서 서로는 어떤 역할을 할지 기대가 된다.

기차 길은 이미 주어졌다. 오르는 순간 종착역도 예정되어 있다. 레일을 따라가는 기차에 순응하며 차창 밖이나 객실 내에서 주어지는 대로 보고 듣고 느끼고 반응하면 된다. 자신만 모를 뿐 예정된 길을 가야하고 기차가 멈추면 내리야 한다.

자신의 譯에 의해 逆하지않고 役을 다하면 亦시 驛을 떠난다.

譯 : 선택할 역

逆 : 거스를 역

役 : 부릴 역

亦 : 또 역

驛 : 역참 역

충전

한참 전화를 하는데 뚝 끊긴다. 아차! 밧데리가 맛이 갔나보다. 제 밥은 거르지 않고 제때제때 챙기면서 몸의 일부분처럼 변해버린 휴대폰의 양식은 늘 딸랑거리게 한다. 어디에 전원이 있는지, 어디에 충전기가 있는지 두리번거려도 찾을 수 없다. 갑자기 갑갑해진다.

사람과의 관계도 그러하리라. 바닥이 나기 전에 조금씩 보충해야 이어질 수 있는데……. 그럴만한 이유도 없이 세월의 강 너머에 있는 막막한 얼굴들이 더러 있다. 그 아련해진 얼굴들이 요즘 들어 자주 궁금해지고 보고 싶어진다. '지금 그 사람 이름은 잊었지만 그 눈동자 입술은 내 가슴에 있네~' 박인환의 「지금 그 사람 이름은 잊었지만」이라는 시를 박인희가 노래하여 우리 가슴을 저민 노래가 가슴에 와 닿는 날이다. 이름조차 생각나지 않고 입에 뱅뱅 돌 뿐인데도 정지된 상들은 선명하게 다가선다. 분명히 그럴 작정은 아니었는데도 빵빵하던 풍선이 바람이 빠져 사그라든 모양새가 되었다. 더 쭈그러지기 전에 당김질이 필요했는데.

불현듯 떠오르는 얼굴이 있다. 여고시절 짝지는 바싹 마른 얼굴만큼 생각이 예리하여 내가 좋아하던 친구중의 친구였다. 두루뭉술하여 좋은 것도 싫은 것도 없던 나로서는 친구의 현명한 언행을 은근히 부러워했다. 언제쯤 멀어졌는지 알 수 없지만 한 번씩 생각나는 친구였는데 우연한 기회에 전화번호를 알게 되었다. 반가운 마음만 앞서 불쑥 전화를 걸었다. 여차저차 변명을 늘어놓으면서 세월의 강을 당겨 보려하니 그 또한 처음에는 반색을 하며 달려드는 듯했다. 집안이야기, 살아가는 이야기, 옛날 같은 반 몇몇 친구들 소식을 묻고 나니 둘 다 화제가 궁해진다. 친구는 많이 반갑기는 하나 어리둥절한 모양이다. 아니 무슨 부탁이 있어 찾았는지 조심하는 낌새도 전해진다. 이제야 찾게 되어 미안하다는 말을 전하며 가끔씩 소식을 전하고 살자며 전하를 끊었다. 순전히 내 기분에 도취되어 그 시절 그 옛날의 이야기로 실컷 수다를 떨었는데도 전화를 끊고 나니 왠지 마음이 답답해진다. 튼실하던 관계가 늘어진 고무줄처럼 왜 방전되었는지는 알 수 없지만 벽이 더 높아진 느낌마저 든다. 그렇다고 갑자기 호들갑스레 자주 소식을 전하자니 딱히 할 말도 없어 주저하게 된다. 기회만 엿보다 끄나풀이 더 얇아져 버렸다.

사람의 능력을 재는 데는 여러 잣대가 있다. 그 중에서도 옛날에는 지능을 최고인 것처럼 여겼다면 요즘은 사람과의 관계를 엮는 능력을 우선으로 꼽는다. 관계적 지능! 시대가 변화에 따라 서로 어울리고 서로 도와 시너지 효과를 내며 살아야한단다. 대인관계가 원만한 사람이 단연 돋보이는 세상이다. 짬을 내서 관심을 보내며 생각을 자주 주고받아야 공감대를 키울 수 있으리라. 노력한 만큼 얻는 것은 어디나 마찬가지다.

또 아린 기억이 비집고 나온다. 중학교 때 우연히 친구가 된 단짝 모습이다. 학창시절에는 일주일에도 몇 번씩 만나 수다를 떠는 사이로 실과 바늘처럼 친하게 지냈다. 아이들을 키우느라 눈코 뜰 새 없던 때에도 가끔씩 만났다. 심각하게 의논할 거리가 있어서 만났던 것은 아닌 듯하다. 무슨 이유인지는 기억이 나지 않지만 기를 쓰고 만났던 것은 분명하다. 그것이 여의치 않으면 장시간 통화하며 소소한 이야기를 쏟아내곤 했다. 강산이 두세번 바뀌는 시간 동안 쿵짝이 맞던 친구를 왜 놓게 되었을까. 밤낮을 불문하고 전화를 할 수 있고 전화기를 놓으며 마음 한 자락을 맑힐 수 있었던 친구인데 무엇 때문에 서로 소원하게 되었는지……. 충전조차 안되는 밧데리로 전락했을까.

학창시절 동안은 동기이면서도 데면데면 지냈지만 지금은 가장 가까이 지내는 친구도 있다. 친구는 잠시 같이 근무하였고 눈인사 정도 하는 사이였다. 업무적인 일로 전화를 주고받다가 서로 성향이 비슷했던지 속내의 이야기도 슬슬 풀어내게 되었다. 언제라도 전화를 할 수 있고 흉을 봐도 허물이 되지 않는 지란지교가 된 셈이다. 만만한 친구와는 누가 먼저랄 것도 없이 전화를 걸면 축 처져있던 기운들이 바짝 집합하여 입심좋게 서로를 향해 쏘아붙이기도 하고 험담도 서슴지 않는다. 평소답지 않게 터프해 보이지만 수화기를 놓고 나면 후련하고 맑은 기운이 흐른다.

노후가 즐거우려면 모임이 많아야 한단다. 나이가 들어갈수록 사람과의 관계를 잘 이어가는 능력이 행복한 삶의 초석이 되는 모양이다. 사회생활을 할 때 자주 연락하여 튼튼한 밧줄을 만들어야 한단다. 일자리에서 물러나는 때가 되어 모임을 만들고 관계를 엮으려면 이미 늦다는 퇴임하신 선배님의 충고에 귀가 솔깃해진다. 자신의 경험담을 강조하면서 일손을 놓고 나니 갑자기 주체할 수 없이 남아도는 시간 때문에 고민이라는 속내 말도 덧붙인다. 할일 없이 돌아다니는 것도 하루 이틀이고 등산을 하며 체력단련에 집중하는 것도 몇 시간이지 그게 일상이 되면 지루하단다. 마음 맞는 끼리끼리 어울려 속 깊은 이야기를 나눌 수 있는, 그 옛날 아무 생각 없이 나오는 대로 조잘대던 투명한 시절처럼 그런 관계에 힘을 실어야한다고 강조하신다.

세밑이 훤해지는 때이다. 유달리 허허로운 연말이라 주변이 더 둘러봐진다. 여러 얼굴들이 파노라마처럼 지나간다. 멋모르던 학창시절의 화숙이, 미숙이, 정미, 영순이, 영희…. 어떻게 지내고 있을까. 아련하게 멀어진 만큼 그리워지는 얼굴들이다.

평소답지 않다고 한들 어떠랴. 지금 가까이 지내는 사람들에게라도 살가운 말 한마디를 먼저 전해야겠다. 늦었지만 지금이라도 충전의 가능성을 가늠하며 주변에 인기척을 내고 더는 잊혀지는 얼굴을 늘이지 않아야지. e편한 세상에 살면서 짬짬이 충전상태를 둘러봐야겠다. 나에게 주어진 유한한 시간을 무한한 듯 착각하고 있을 때가 아닌 듯하다.

해병대 용사

'여덟시 통근 길의 대머리 총각~' 노래를 생각하게 한다. 날마다 엇비슷한 시간에 지나가는 아저씨는 해병대 출신인가보다. 멀리서 보기에 환갑쯤은 되어 보이고 훤칠한 키에 마른 체격은 건장한 해병대의 자존감을 지키는 듯하다. 언제부터인지 허름한 옷차림이지만 빨간 야구 모자를 눌러 쓰고 동네를 한 바퀴 돌면서 아침을 열고 있다.

해병대 용사의 기상은 잃지 않았다. 행군하듯이 성큼성큼 걸으며 장단 맞춰 손뼉을 치기도 하고 "해~병대, 해병~대 용사여"를 노랫말에 섞어 외치면서 지나간다. 그 중간에 "아버지", "어머니", 자녀이름인 듯한 "○○아~" 를 연거푸 부르기도 하며 "감사합니다", "고맙습니다", "죄송합니다" 라는 추임새도 섞어 해병대 찬양가를 씩씩하게 들려준다. 어떤 날은 두 바퀴, 어떤 날은 세 바퀴를 돌며 동네사람들에게 노병老兵은 살아있음을 전하고 싶은가 보다.

계속되는 행진에 어줍잖은 연민의 마음이 일었다. 거의 매일 꼭 같은 레파토리를 암송하는 아저씨는 어떤 연유에서 내면의 세계에 갇히고 자신의 과거만 기억하고 있는지 안타까워 보였다. 멀쩡해 보이는 외모에 비해 그의 삶은 어떨지 궁금해졌다.

아저씨가 기다려지는 날도 있다. 궂은날, 마른날 없이 거의 같은 시간대에 같은 노래말과 박수소리가 들리지 않으면 나도 모르게 시계를 본다. 혹시나 말없이 지나가는지 밖을 내다보며 괜시리 궁금해 할 때도 있다. 아저씨의 밤새 안녕이 궁금한 것도 사실이지만 내 기운이 처지는 날에는 아저씨의 절도 있는 행진과 에너지 넘치는 노랫소리를 은근히 기다리기 때문이다.

급기야 아저씨와 정면에서 마주쳤다. 목욕을 가다가 우연히 만난 아저씨는 걸음을 멈추고 나를 빠끔히 쳐다봤다. 머쓱해져 그동안의 궁금증도 외면한 채 얼른 시선을 피해 갔지만 나의 뒷모습을 계속 바라보고 있는 것 같았다. 먼저 피하지 않았다면 무슨 말을 했을까. 멀리서 바라 볼 때 느꼈던 동정심과는 달리, 이웃집 아저씨같이 굳건하고 편안한 인상이었다. 마주친 순간 아저씨는 지금까지 내가 아저씨를 생각한 마음처럼 나를 보는 듯했다.

이런 경우를 주객이 전도된다고 하는가. 문득 아저씨에 대한 생각이 돌아선다. 울렁거릴 수밖에 없는 세상의 속도를 달관한, 그 당당한 행동들로 이제는 아저씨가 오히려 행복해 보이는 것은 무슨 조화일까. 지금까지의 마음씀씀이와는 달리 세상의 고달픈 이야기들을 자연스레 외면할 수 있겠다 싶어서이다. 자신이 어느 순간까지 경험한 것들 중에서 기억에 남는 가장 좋은 느낌들에 집착하며 살아가기에 본인 스스로는 편안할 거라는 생각이 든다.

얄팍한 동정심을 보낸 스스로를 뒤돌아본다. 내면에 갇히긴 해도 아저씨는 무탈하고 평안하게 살아가고 있다. 정작 자신은 아무 문제가 없는데 괜스레 타자의 관점에서 불쌍하게 생각할 일도 아닐 듯하다. 어쩌면 세상의 논리를 벗어놓은 것이 내면의 행복을 찾는 시점이 될지도.

살아가는 것은 행복을 찾는 여정이라 했다. 본인은 세상과 소통하기보다 자신과의 대화를 선택하여 즐겁게 생활하는데, 보는 입장에서 연민을 가지는 것은 오지랖 넓은 넌센스일 수도 있겠다. 그것도 지난날의 행복했던 시간에 고착된 것이 얼마나 다행한 일인가. 건강하게 살며 남에게 피해는커녕 동네사람들에게 용기를 주는 말과 행동들을 어설프게 동정할 일은 아닐 듯하다.

어른이 되는 것은 체면치레를 잘 차리는 것이라고 한다. 남들의 시선을 의식하고 남들의 관심을 좇아가며 사는 것이 사회성이 있다는 말인가 보다. 자신의 성향을 찾는 자의식은 점차 억압되고 조종되어서 깊숙이 가라앉을 때 사회생활을 잘한다는 말을 듣는다. 내면의 소리보다는 귀에 들리고 눈에 보이는 것들을 좇아가는 일상이 굳어진 생활에서 내 잣대나 내 색깔은 없다. 남들의 눈높이가 내 눈높이요 남들의 관심이 내 관심이 되어야 하는 세상이다.

해병대 아저씨도 할 말은 있을 게다. 소풍 왔다 가는 삶에서 그저 많은 것을 채워야 제대로 사는 것처럼 인식하는 세상의 가치에 대해 일갈하고 싶을 것이다. 어쩌면 세상이 바라는 자리를 찾아야 성공하는 삶이 되기에, 성공하는 그날까지 참고 기다리느라 헛되게 흘리는 시간을 아까워할 수도 있겠다. 유한한 시간을 알지 못하고 이미 굳어진 습성에 저항 없이 따라가는 모습을 안타까워하며 제대로 눈뜨기를 간곡하게 부탁하고 싶을지도 모른다. 철드는 독백을 엿들었는지 나목 뒤의 보름달이 빙그레 웃는다.

홍시

가을은 감빛으로 익는다. 잎 뒤에 숨은 어린 열매들은 올망졸망 매달려 몸을 불려왔다. 녹색으로 무르익은 바람이 가벼워질 때면 시퍼런 감들은 모태의 잎색을 벗고 주황빛, 주홍빛으로 점점 자신을 드러내기 시작한다. 아마도 잎의 진녹색과 감의 주홍색은 색상환표의 반대편 색이지 싶다. 먼길을 돌아서 마주보고 선 자리가 심상치 않다. 감은 왜 하필 보색을 택했을까.

옷 소매가 길어지는 이맘때를 색깔로 표현하자면 단연 감색이다. 단풍잎의 빨강, 황금들판의 진노랑, 조기 퇴락한 낙엽의 갈색, 여러 빛깔이 어우러지는 숲의 풍경도 있지만 감색이 으뜸이다. 그 중에서도 붉은 기운이 많은 다홍색의 홍시는 가을색의 대명사로 손색이 없다. 뭔가 애태우는 계절과 호흡이 잘 맞는 색깔인 듯해서이다.

바람이 기세를 부리기 시작하면 가지가 축축 늘어지도록 매달린 감들은 열기를 더해간다. 크면 큰 대로 작으면 작은 대로 봄부터 모아온 자신의 에너지를 가지 끝의 열매에 집중시킨다. 늦가을 짙은 잎들이 모두 사라진 뒤, 빈 나무에 달려있는 쪼글쪼글한 진홍빛의 홍시는 우중충한 잿빛 하늘을 밝히는 힘의 원천이 되어 허공을 지킨다.

어릴 적 풋감을 덥석 베어 물다 입 안 가득 차던 떫은 맛은 아직도 잊혀지지 않는다. 뱉아도 뱉아도 입안에 덕지덕지 붙어 있는 감 때를 몰아내지 못해 당혹스러웠던 기억과 함께 그 떫은 기운을 몰아 단맛으로 변신해가는 감들을 보면서 나이에 걸맞는 모습을 생각하게 된다. 풋내기에는 풋내 나는 싱싱함이 있어야 하고 점점 익어가는 때는 원숙함과 넉넉함도 채워야 하리라. 아직도 떫은 감과 단감을 겉색깔로는 구분하지 못한다. 그 '떨떠름한 경험' 후부터, 단감을 보면 덤비지 않고 주저주저하면서 꼭 묻는 버릇이 생겼지 싶다.

다른 과일에 비해 풍성한 느낌이 많아 유달리 감을 좋아한다. 감을 먹을 수 있어서 가을을 좋아할 만큼 감이 나오기를 기다린다. 단감, 반건시, 홍시, 곶감 할 것 없이 사양하지 않는다. 그 달콤한 맛, 아삭거리는 맛과 쫀득거리는 식감을 모두 즐긴다. 그 중에서도 눈만 흘겨도 터질듯이 흐물흐물하게 익은 홍시감의 맛과 촉감을 더 총애한다. 계절과일이 없는 시대에 살면서 과일가게 앞에 서면 봄이나 여름에도 감이 생각나 군침이 돌곤 한다.

입맛이 변해도 감에 대한 집착은 변하지 않는다. 해마다 감 따는 때가 되면 으레 대봉감을 사들인다. 주변에서는 조리 전에 빚을 내도 감 한 접은 사야 직성이 풀린다고 나의 감 애호를 빈정거리기도 한다. 큼직한 대봉감은 보기만 해도 배가 부르다. 대봉감이 과일가게에 첫 선을 보이기 시작하면 마음이 먼저 가게로 달려간다. 대봉감을 사오는 날에는 유난스레 부지런도 떤다. 꼭 먹기 위해서라기보다는 계절을 즐긴다고나 할까. 빈 항아리에 짚을 깔고 켜켜이 넣어 두고 홍시가 되기를 기다린다. 오똑하게 긴장하던 모습들이 계절의 흐름에 순응하는 모양인지, 한 독 속에서 만나 서로 회포를 풀어가는 모양인지, 하루도 가만히 두지 못하고 만지작거리는 내 손길 탓인지 감들은 말랑거리기 시작한다. 며칠 뒤면 감들은 앞서거니 뒤서거니 하면서 몸을 푼다. 긴긴 겨울 밤중에 출출해지면 들락날락하면서 어두컴컴한 항아리에 손을 넣어 익어가는 모습을 조심스레 더듬는 것도 재미있다. 무른 손끝 감촉이 마음에 달라붙어 먹는 것보다 더 마음을 조인다.

"자, 오늘은 어느 님을 간택할까."

"다들 잘 돼가요."

인사도 잊지 않는다. 거미가 집을 지어 놓고 먹이가 덫에 걸리기를 기다리는 듯 나는 감의 껍질이 투명해지기를 기다린다. 달콤한 홍시를 먹는 것보다 익기를 기다리는 일이 더 애틋한지도 모르겠다. 개중에는 익기를 거부하고 꼭 버티는 녀석이 몇 있어 애닯기도 하다.

"야, 인생 그렇게 살지 마. 함께 묻어 사는 거야."

하며 내 자신에게 하는 소리를 그들에게 대놓고 뱉기도 한다. 목소리에 보드랍지 못한 기운이 함께 실려 나간다.

또 너무 빨리 익어가는 녀석에게는

"성질도 급하재? 좀 천천히 가면 안될까?"

하고 타이르듯 항아리 뚜껑을 달캉거린다. 작은 일에 마음 가득 기쁨이 전해온다.

어떻게 삭혀내었을까. 그 떫은 맛을 시간이라는 약으로 달콤하고 말랑거리는 모습으로 숙성시키는 인자는 무엇일까. 짙어지는 색깔로, 투명해지는 거죽으로 때에 걸맞게 살라는 충고가 전해온다. 흐지부지 대충대충이 아닌 자신을 완연하게 채워가는 삶의 자세를 배운다. 쳐다보고 있으니 마음 한 자락에 감빛이 옮아온다.

하마의 의리

하마는 미련해 보이는 동물이다. 곰 이상으로 행동도 느리고 영리하지도 못해 영악한 인간의 관심을 끌기에는 부족한 면이 없지않다. 생김새 또한 투박스럽고 거무죽죽하여 세태가 지향하는 모습이 아니기에 사랑을 받지 못하는 것도 사실이다.

인간의 잣대로 보기에는 하찮은 동물이지만 하마에게도 나름으로 살아가는 법도가 있다. TV에서 '동물의 세계' 라는 프로를 우연히 보게 되었다. 무슨 이유인지 하마 한 마리가 강의 가장자리에서 신음소리를 내며 죽어가고 있었다. 떨어져 사는 하마 한 마리가 이런 사실을 어떻게 감지했는지 강가로 찾아왔다. 죽어가는 동료의 임종을 지키기 위해서라고 나레이터는 말했다. 힘없이 눈을 깜빡거리던 하마는 결국 최후의 순간을 맞이했고 이를 물밖에서 지켜보던 하마는 괴상한 소리를 지르면서 동료의 죽음을 애도하였다. 동물이 자신의 슬픔을 드러내는 모습에 찡했다.

그때 냄새를 맡았는지 어디선가 수사자 한마리가 어슬렁거리며 하마 곁으로 다가왔다. 마치 잘 차려진 밥상을 이리저리 살피듯 느긋한 걸음으로 다가와 포식자의 특권마냥 냄새부터 맡기 시작했다. 평상시 같으면 물속으로 뛰어들었을 하마인데 끄떡없이 죽은 동료 옆에 떡 버티고 있었다. 동료의 마지막 가는 길을 배웅하고 동료의 임종을 조금이라도 더 지켜줄 요량이었을까. 사자가 더 가까이 다가오자 오히려 '이놈 감히 누구를 너의 재물로 생각하느냐?' 하며 당당한 자세와 사자를 향해 포효하는 소리가 오히려 사자의 기를 짓눌렀다. 기가 죽은 사자는 주변을 서성대다가 슬그머니 꽁지를 내리고 되돌아갔다. 분위기를 파악할 줄 아는 동물의 세계가 놀라웠다. 하마의 용기나 사자의 배려가 참으로 가관이었다.

누가 감히 하마를 미련하다고 했던가. 하마는 무슨 용기로 사자에게 대응했을까? 사자는 어떻게 아까운 먹잇감을 포기하고 돌아갔을까? 돌아서는 사자도, 동료의 임종을 지키는 하마도 만물의 영장이라는 인간의 의리보다 훨씬 수준이 높았다. 인간에게 꼭 같은 상황이 주어진다면 과연 얼마나 사자나 하마처럼 행동할까? 과연 누가 만물의 영장인지…….

요즘 지하철을 이용한 자살이 부쩍 많아졌다. 살기 힘드니까 남녀노소를 불문하고 레일 위로 뛰어들어 삶을 포기하려는 사람이 늘고 있다. 용기있는 젊은이들은 갑작스런 상황에 놀라며 반사적으로 그들을 구출하려 한다. 생각할 겨를도 없이 자신의 위험을 무릅쓰고 뛰어들어 구출한 경우는 다행이다. 간신히 구해냈으나 자신은 변을 당한 경우도 있다. 이쯤 되면 얼마나 힘이 들어 그런 방법을 선택했는지에 대한 동정보다는 자신으로 인해 제2의 피해자가 나올 수 있다는 사실을 예측하지 못한 사람이 원망스러워진다. 진정한 용기가 무엇인지 생각하게 하는 장면이다.

나에게도 하마의 용기가 있을까? 의리라도 있을까? 지금껏 인간적인 삶, 인간답게 사는 것을 다른 어느 것보다도 중요하게 생각해 오는 줄 알았다. 오늘 본 하마의 의리는 나이가 들수록 오염되어가는 내 의식을 되짚게 했다. 좋은 게 좋은 것이라고 치부하고 세태와 타협하면서 적당히 살아온 것이 언제부터였을까. 그 뿐이 아니다. 일단 내 눈 앞의 일에만 몰입하여 주변을 살피는 일을 늘 뒷전으로 밀어내는 타성이 오늘따라 구멍 난 양말처럼 민망해진다. 물질만능에 핑계를 돌렸던 부끄러운 자화상이 살을 비집고 나오는 듯하다.

동물의 세계에서 알려진 모습에 턱없이 부족한 인간의 모습들이 여러 매체들을 통해 매일같이 우리의 귀와 눈을 자극하고 있다. 어느 절박한 순간 나의 무의식적 행동에서 하마의 행동이 모방되기를 기도한다. 지금부터 '인간은 만물의 영장이다' 가 아닌 '인간은 만물의 영장이어야 한다' 로 바꾸어야겠다.

수련 하나

내 책상 위에는 수련 사진이 하나 있다. 사진 찍기를 좋아하는 지인에게 한 달쯤 전에 받은 것인데 사진을 현상해 놓고 보니 문득 내 생각이 나더란다. 받을 때는 아무 생각이 없었는데 한참 들여다보고 있으니 심상찮은 메시지를 던진다.

가을이 저무는 어느 날에 찍었으리라 생각된다. 때도 해가 질 무렵인지 환한 햇살 한 줌 없이 스산하기도 하다. 연못에는 수련 주위에 널브러진 잎들마저 초록빛 생명력을 잃어가고 있다. 잎들은 벌써 누렇게 뜬 잎부터 잎의 가장자리만 마른 잎까지 채색 농도가 다를 뿐 온전한 것은 보이지 않는다. 둥글넓적한 수련 잎과 물속에 말밤을 달고 있는 끝이 삐죽삐죽한 마름 이파리와 조무래기 개구리밥이 어우러져 떠있다. 한 여름날의 열기를 다 쏟아낸 뒤의 분주한 잔열이 아직도 남아 있는 듯하다. 그 와중에 지각생 수련 한 송이가 피어있어 쓰러져 가는 연못의 기운이 쓸쓸하지 않고 조촐한 저녁상쯤으로 격상된다. 수련이 눈길을 잡는다.

거의 활짝 핀 수련은 흔히 볼 수 있는 색깔인데 꽃잎의 가장자리 쪽에는 흰빛으로 둘러 싸여 있고 중앙으로 갈수록 선명한 자홍빛으로 진해지고 있으나 왠지 청정해보이지 않고 시름에 잠긴 모습이다. 간밤에 모진 바람이 불었는지 흐트러진 분위기에 맞춰보자는 뜻인지 꽃잎 몇 장이 수면 쪽으로 기울어져 있다. 연못 위에 접시를 깔아놓은 듯이 기분 좋게 떠 있어야 할 잎들이 거무충충한 물빛으로 황달에 걸린 듯 진녹색의 건강미를 잃어가고 있어 안타까워하는 것 같기도 하다. 뿌리를 고정할 흙한 줌 얻지 못했지만 생명체를 지탱하는 모습이 근엄하다. 어찌 보면 수련의 전생前生이 보이는 것 같고 또 어찌 보면 내생來生을 짐작할 수도 있겠다.

"전생에 지은 복으로 기운을 지탱하고 있거든요."

갑자기 짠한 전율이 전해진다. 나는 지금껏 나의 연못을 얼마나 탓해 왔는지 생각해본다. 아예 환경에 동화한답시고 적당한 편의주의에 편승하진 않았던가. 주변에 내 체온을 전하기는 고사하고 내 뜻과 같이 되지 않음을 원망하며 소리에 날을 세우고 덤벼들 때는 얼마나 많았을까. 일정한 잣대도 없이 기분에 따라 주변을 힘들게 한 적은 없었는가. 더불어 사는데 무심한 내 모습이 스친다. 카멜레온이 되는 게 인지상정이라고 얼른 변명할까.

수련은 지금이라도 잘 해야지 다음이라도 복을 받는다는 말을 하고 싶은지도 모른다. 현재는 어렵지만 조만간 나아질 거라는 희망을 가지고 더불어 살아보라고 토닥거리며 구슬리는 듯하기도 하다. 마음의 무게를 순간순간 가늠하며 주변에 따뜻한 눈길을 보내라는 격려의 메시지일 수도 있다. 아니 나이가 들수록 참을성이 모자라가는 모습에 대한 경책이겠다.

수련은 다시 "있을 때 잘해." 하고 말하는 것 같기도 하다. 피어 있는 한 송이 수련의 심정이 은 이 웅덩이 전체 이웃들에게 그대로 위안이 되고 기쁨이 되려나 보다. 수면위에 넘어지지 않으려고 안간힘을 쓰고 있는 가운데 꽃잎은 나에게 기쁨조가 되는 시범을 보이는 듯하다. 자신이 처한 환경을 탓하지 않고 존재하는 그 자체에 감사하라는 수련의 충고가 함께 들린다. 자의식에 충실했던 행동을 들킨 듯 부끄럽지만 자성의 기회와 함께 용기를 준 수련이 새삼 고맙다.

얼마 있으면 성탄절이다. 해마다 연말이면 어려운 이웃을 돕자는 이야기가 들려오고 여기저기서 성금을 모은다. 모금에 참여하는 사람이 점점 늘고 있다는 뉴스도 들린다. 언제나 그 뉴스 속 주인공은 자신이 가진 것에 비해 성금을 많이 내 놓는 사람은 오히려 어려운 처지에 있는 사람이었다. 그 액수보다는 도우려는 마음의 여유가 더 필요할 터이다. 어렵게 자란 환경이 밑거름이 되어 주변의 상황에 마음을 보태는 사람도 있고 현재 어렵게 살지만 더 어려운 사람을 위하는 실천하는 지성도 더러 있다. 마음 부자가 진정한 부자라면서.

지난 한 해는 사진속의 분위기처럼 스산했다. 다른 해보다 유난히 엄살을 피우며 투덜거린 나에게 문득 청개구리 한 마리가 수련 잎에 뛰어 올라 앞다리를 쳐들고 손가락질을 할 것 같다. 척박하다고 투덜대지 말고 그 가슴속에도 수련 한 송이를 피워 보라고….

오늘도 바람개비는 돈다

바람개비가 돈다. 고가도로 밑의 화단에 기온변화에 무던한 담쟁이 종류를 심어 운전자에게 사시사철 녹색을 선사하고 있다. 언제부턴가 땅에 깔린 담쟁이 사이사이에 바람개비를 세워 움직임으로 다시 시선을 잡는다. 신호를 받아 심심하던 눈이 바람개비에 머문다.

바람개비는 행인의 환심을 사고 싶은 모양이다. 키가 다른 바람개비는 파랑, 초록, 빨간, 노랑의 원색으로 각자의 개성을 뽐내고 있다. 반질반질 윤이 나고 알록달록한 색깔로 주변을 밝히면서 보는 이에게 즐거움을 더한다. 저들에게 눈길을 주고 있는 것을 알아차렸는지 신바람이 나 한바탕 공연을 선사한다.

자세히 보니 바람개비는 단체 행동을 하지 않는다. 정신없이 도는 녀석과 돌지 않는 녀석, 쉬엄쉬엄 도는 녀석 등 속도가 제각각이다. 바람이 불면 의당 돌아야 할 바람개비가 버티는 모습이 어쩐지 어색하다. 게으름을 피우는 녀석을 살펴보니 바라보는 방향이 약간씩 다르다. 자리를 정해줄 때 바람이 이리저리 부는 것을 감안하여 각도를 달리 설치한 모양이다.

바람이 그들을 쥐락펴락한다. 제 의지에 관계 없이 오로지 얼굴에 달려드는 바람이 시키는 대로 움직이고 바람이 부는 대로 따를 뿐이다. 와락 덮치는 바람이면 그가 원하는 대로 소용돌이치듯이 돌아야 하고, 움직이고 싶어도 바람기 없는 날에는 기다려야 한다. 좀 쉬어가며 돌고 싶어도 한꺼번에 불어 닥치는 바람에는 끝까지 장단을 맞추는 것이 그들의 소임이다.

멍하게 바람개비를 바라본다. 초점 없이 바라보는 시야에는 낱낱의 색깔이 아닌 한 덩이의 움직임으로 다가 온다. 한데 엉기어 돌아가는 모습을 한참동안 지켜보다가 또 다른 기운을 불러들인다. 바람을 동원할 수 없는 바람개비의 수동적인 행위가 우리의 삶과 다르지 않아 보인다. 바람이 부는 대로 누구나 어김없이 나부껴야 한다는 사실이 오늘 따라 엄숙하게 다가선다.

바람이 불면 돌고 바람이 멈추면 기다리는 것이 바람개비의 도道이다. 세상에 올 때 가져온 이력에 따라 바람결이 달라지더라도 제자리에서 참고 기다려야한다. 마음만 앞서서 바둥거린다고 바람이 불어 줄 리 없다는 사실을 일찌감치 깨우쳤더라면, 한자리에서 요지부동 못하는 처지는 잊고 제 기분에 따라

바람을 불러들이려는 것은 또 다른 화를 부를 수도 있다

또 바람이 분다. 살랑거리는 순풍이면 좋겠지만 어디 순풍만 있으랴. 때로는 뒷전에서 역풍도 불고 매서운 강풍도 몰아치고 운좋은 날은 무풍도 만나지 않는가. 돌고 도는 것이 바람개비의 소명召命이라면 어떤 바람이라도 맞이해야 할 게다. 한 녀석은 '걸음아. 날 살려라' 는 듯이 돌아대는데 옆에 것은 제 바람이 아니라는 듯이 미동도 없다. 정신없이 돌고 있는 옆 친구를 보며 무슨 생각을 할까.

바람개비에게 간절한 바람은 바람이 부는 것일까 아닐까.

만남에 대하여

지금은 만나는 때입니다. 어떤 꽃이나 어떤 잎이 핀들 어색하지 않는 시절입니다. 서로 만나기 위해 시샘하듯이 앞다투어 피는 꽃들을 보면서 세상을 밝히는 자연의 순리를 생각하게 됩니다. 군말없이 시간의 흐름에 순응하는 생명체의 내공을 짐작해 봅니다. 길가의 가로수인 동백과 벚꽃의 조심스런 만남이 언제부터인지 시작되었습니다.

올해는 동백꽃이 유난히 붉습니다. 처음 꽃을 피울 때보다 시간이 지날수록 더 붉어집니다. 추운 날씨를 견뎌내기 위해 얼마나 열을 냈으면 저리 붉을까요. 좋은 시절 다 두고 하필이면 모진 세월에 꽃망울을 달기 시작하는 깊은 뜻은 무엇일까요. 경상도 남정네처럼 과묵한 동백은 어쩌면 남들이 몸을 비우고 홀가분한 시간에 삭막해질 세상의 인심을 걱정했을 법 합니다. 쳐다보고 있으면 안타깝고 민망해집니다.

길 맞은편의 벚꽃망울이 다시 눈길을 끕니다. 볼록볼록한 송이들이 "나 준비끝냈어요." 라고 말하는 듯합니다. 나무 위쪽에는 먼저 핀 송이들은 분단장하고 봄나들이 가는 아가씨처럼 환합니다. 연분홍색으로 세상을 따뜻하고 부드럽게 만들고 싶었나 봅니다. 마른 가지에 꽃눈을 달 때부터 좋은 게 좋다는 평범한 진리를 보여주려고 모두가 어울리기를 기대했을 것입니다. 싹싹하게 조잘거리는 벚꽃은 자글자글한 꽃송이를 무진장 달았습니다. 건너편의 동백을 위로하려는지, 삭풍에 시달린 세상을 다독이려는지 알 수 없습니다. 올려다보면 하늘빛보다 환한 꽃 색깔에 눈이 시린 것이 아니라 꽃 색깔보다 더 환한 그 마음에 기가 죽어 고개가 숙여집니다.

그들의 만남은 신만이 주선할 수 있습니다. 지금껏 그들의 만남은 허락되지 않았기에 벚꽃은 자연의 순리에 따르느라 붉은 동백꽃이 뭉턱뭉턱 빠져 내리는 날을 기다려야했습니다. 뚝뚝 떨어진 송이들이 길바닥에 뒹구는 때가 되어서야 조심스럽게 꽃망울을 내밀어야 하는 것이 그들의 인연이었습니다. 만남이 허락되지 않은 그들은 견우와 직녀처럼 살가운 속내를 전할 날을 손꼽아 기다렸을지도 모릅니다. 어찌어찌하다보니 이제야 만났지만 마주보고 선 시선이 사뭇 뜨겁습니다.

이쯤 되고 보면 그 만남도 다시 생각해볼 만하지 않습니까. 한 시절 바라보기 위해 생이손 앓듯이 아리게 살아왔을 그들입니다. 아니 언제가 될지 모르지만 그들의 유전인자에 이미 만남의 소망이 실렸을 터입니다. 발아되는 그 순간부터 기다림은 시작되었을 것이고 함께 어우러지기 위해 얼마나 많은 날을 애태웠을지는 아무도 관심이 없습니다. 혹자는 동백과 벚꽃의 만남이 계절의 순환에 어긋난다며 달갑지 않아 하기도 합니다. 지금껏 지켜온 질서를 깬 온난화 현상이라 걱정할 뿐입니다.

그들은 만났습니다. 긴긴 세월동안 우여곡절 끝에 허락된 그들의 조우가 심상찮습니다. 지금부터 그들의 내밀한 언어에 귀를 기울여야겠습니다. 그 누구도 만남을 축복하기는 고사하고, 걱정하거나 언짢게 생각하고 있다손 치더라도 그들에게 있어서 세상의 중심은 그들에게 있습니다.

세상에서 누구를 만나고 누구와 더불어 살아가느냐에 따라 삶의 빛깔이 달라지는 것은 잘 압니다. 흔히 인연따라 만난다고 합니다. 인연을 가꾸어야 한다고도 들었습니다. 만남을 누군들 소중하게 가꾸지 않겠냐마는 지나고 보니 문득문득 후회가 절절해집니다.

'서로 바라보라' 는 봄입니다. 봄은 눈앞에 펼쳐지는 그림만 볼 것이 아니라 만남을 위해 기다려온 그 시간을 함께 바라보라는 뜻도 숨어 있지 않을까요. 만남이 있었다면 이별 또한 예정되어 있음을 알아차려 유한한 시간을 바라보라는 의미는 아닐지 다시 묻고 싶습니다. 그러기에 봄은 싱숭생숭해지는가 봅니다.

5

천성과 습성 사이

현재는 우리가 열렬히 숭배해야 할 대상이다

– 괴테

천성과 습성 사이

산장 마당에 다람쥐가 놀러왔다. 폴딱폴딱 뛰며 여기저기를 기웃거린다. 너럭바위 위에서 한참 주춤거리다가 나무 밑을 파헤치기도 한다. 마루 밑 댓돌 위에까지 다가와 먹이를 찾는다. 마당을 몇 바퀴 돌아도 먹을 만한 먹이가 없는지 날쌔게 달려 그대로 사라졌다.

다람쥐의 출몰에 호기심이 뻗친다. 시선이 심심해진 나는 다람쥐를 불러들일 궁리를 했다. 먼발치에서 노는 모습은 가끔 보았으나 반짝거리는 눈을 맞추면서 가까이서 본 적은 없다. 같이 놀기는 어렵지만 노는 것을 눈앞에서 보는 것만으로도 즐거울 듯하여 땅콩 몇 알을 마당 여기저기에 놓아두고 그들이 나타나기를 기다렸다. 고소한 땅콩만큼 맛있는 정경을 봐야겠다는 심산이었다.

드디어 녀석이 나타났다. 자세히 보니 조금 전의 녀석보다 덩치가 작아 보였다. 먹이를 둔 곳을 얼른 찾아내기를 기대하며 움직임을 주시한다. 이리저리 마당을 한 바퀴 돌다가 먹이를 찾아냈다. 다람쥐가 조마조마하는 내 마음을 읽은 사실이 너무 반가운 나머지 소리를 지를 뻔했다. 말이 통하는 사람끼리도 뜻이 통하지 않아 늘 고심하던 나로서는 기쁜 일이 아닐 수 없었다.

까만 눈동자를 굴리며 먹이를 기웃거린다. 횡재를 만난 듯이 땅콩을 덥석 물고 몸을 곧추세운다. 입에 문 먹이를 두 손에 뱉아 쥐고 껍질을 벗기며 오물조물 베어 먹기 시작했다. 미물이지만 정중하게 음식을 대하는 예법은 제대로 전수받은 모양이다. 누가 가르쳤는지 천지사방을 쫓아다니던 재빠른 모습과는 판이하다.

녀석은 의심이 많다. 먹이를 먹으면서도 이리저리 살핀다. 평소같지 않은 먹이로 자신을 잡으려는 호리꾼이 나타날까 망을 보는 듯하다. 어쩌면 맛있는 먹잇감을 다른 녀석들에게 빼앗길까 봐 주변을 살피는지도 몰랐다. 계속 경계를 늦추지 않는 녀석을 위해 나는 앉은 자리에서 꼼짝달싹도 못하고 숨소리조차 조심하게 되었다. 땅콩 몇 알을 말끔히 먹어치운 녀석은 주변을 기웃거리더니 이내 사라졌다.

다시 그들을 불러들일 꾀를 냈다. 이번에는 먹다 남은 수박과 수박씨를 이리저리 흩어두고 기다렸다. 얼마 되지 않아 녀석들이 잇달아 나타났다. 어찌보니 조금 전의 그들 같기도 하고 약간은 아름아름하기도 한다. 모자란 먹이를 찾아온 것 같지는 않았다. 갑자기 마당은 다람쥐 세 마리의 술래잡기 놀이판이 되었다. 찍찍거리는 소리까지 내며 재빠르게 달아나고 쫓아가는 장관을 연출한다. 땅콩 맛을 먼저 본 녀석이 자랑을 해서 불러 모았을 수도 있고 고마운 뜻에서 깜짝쇼를 위해 일행을 몰고 왔을 수도 있다. 한바탕 놀다가 수박덩이를 발견하고 그 속의 수박씨를 찾아내어 일일이 까서 먹는다. 처음 맛보는 고소한 맛에 도취된 듯하다. 맛있는 먹이를 줘서 행복하다는 감사의 눈빛까지 보낸다.

오늘 나는 괜한 짓을 하지 않았는지 걱정이 된다. 다람쥐의 재롱을 보려는데 급급한 나머지 그들이 몰랐어도 될 맛을 보여주어 두고두고 밥투정을 하게 만들지나 않을지 모르겠다. 날쌔게 뛰어다니며 찾은 도토리에 흡족할 그들에게 땅콩은 고통의 맛으로 둔갑해 지분지족知分知足해 왔던 삶에 혼란을 주었을 수도 있다. 몰랐다면 좋았을 것을 알아서 병이 되어서는 안되는데….

전국시대에 살았던 장자는 명예와 재물이 인간의 천성을 망친다고 갈파하였다. 그는 재물에 대한 욕망으로 사람들이 물불을 가리지 않고 싸우면서 바람 잘 날 없는 세상이 되었다고 했다. 본성을 찾아서, 본래 주어진 것에 만족하며 살아가는 것이 행복이란다. 주어진 것들에 만족하며 그 범위 내에서 살아가는 방식이 무위자연無爲自然이 아닐지 자신을 돌아본다.

장보는 날

"아이쿠! 귀찮다."

"무슨 말씀! 먹고 살기 위해 하는 일을 귀찮다니~."

일 주일 치 찬거리를 사러 나서며 주고받는 말이다. 일상적인 일인데도 시장에 가는 일조차 점점 내키지 않아진다. 조금 있다가 하면서 뭉그적거려지는 날엔 오히려 알아차리고 벌떡 일어나 집을 나서야 한다. 어정거리다가는 장보기조차도 거르게 되면 일주일 내내 끼니걱정을 하게 된다. 먹고 사는 일이 귀찮아지는 날에는 어찌할까나. 사는 게 재미없는 날이다.

아이들이 어릴 때는 데려가지 않으려 해도 저희들이 뭔가 꿍꿍이 속셈이 있어 먼저 앞장섰다. 서랍이나 부엌장 안이나 냉장고가 휼빈하면 불안해지는 성격 탓에 늘 장보는 일에 신경을 썼지 싶다. 이웃 사람들은 우리의 시장꾸러미를 보고 많이 사다 나른다고 입을 댈 만큼 카트에 수북하게 담았다. 적어도 아이들이 고등학교를 졸업할 때까지는 그랬던 것 같다. 아이들은 TV 광고를 보면서 군침을 흘렸던 새로 나온 라면, 말하지 않았지만 오랫동안 갖고 싶었던 메이커 신발, 오늘 문득 눈독을 들인 양말 등을 눈치를 보면서 슬금슬금 주워 담았다. 때때로는 아이들은 갖고 싶지만 사주지 않을 것을 미리 짐작하여 카트의 맨 밑바닥에 숨겨서 용케 계산대까지 가져오기도 했다. 웬걸 이리 많이 사야 하느냐고 잔소리를 하면서도 내심 흐뭇하다. 식솔들의 욕구를 채운 내 마음이 카트 속 물건보다 더 가득 찼다. 카트가 무거워질수록 마음은 가벼워지는 때이다.

요즘 혼자서 장보러 가는 날이 많다. 매장에는 전국 공통의 품질로 평준화 된 물건들이 '날 좀 보소' 하며 진열되어 있다. 그들 사이로 빙빙 돌며 눈인사를 나눠도 간택되어지는 가짓수는 수레바닥에 깔릴 정도이다. 아이들은 주워 담고 나는 제자리에 가져다 두는 실랑이를 벌일 일도 없다. 기껏해야 다 떨어져가는 양념과 채소 몇 가지, 과일 몇 개면 그만이다. 욕구 자체가 잦아드는 모양이다. 먹어치울 걱정이 앞서 수레에 집어넣었던 물건을 제자리에 가져다 두기를 반복할 때면 장보기가 망설여질 뿐더러 덜컹거리는 빈 수레보다 마음이 더 허기진다. 꾀를 내어 배가 고픈 시간에 시장에 가면 좀 낫다. 시장기 덕분에 시장 안을 한 바퀴 돌면서 메모해 온 것 말고도 먹음직한 것이

나 새로 나온 과일을 덥석 집어넣는 동작이 좀 자연스러워진다. 그렇게 욕심을 내서 몇 개를 더 담아오는 날에는 음식쓰레기 만들까 봐 마음이 쓰이는 한 주일을 보낸다. 엥겔계수가 낮아진 것이 삶의 질이 높아진 것은 아니다.

학창시절에도 가끔 혼자서 시장에 갔다. 물건을 사기 위해서가 아니라 시장사람들의 북적거리는 기운을 얻기 위해서이다. 뭔가 허전하고 답답한 날에 시장을 한 바퀴 빙 돌고 나면 먹고 사는 에너지가 고스란히 얻어진다. 덤으로 여러 가지 음식들의 냄새를 마음껏 맡을 수 있어 식욕도 챙겨온다. 물건을 사고파는 일로 언성을 높이는 장면을 볼 때면 삶에 대한 뜨거움이 더 진하게 전해오기도 한다. 그때 시장은 다른 어느 장소보다도 허기진 마음을 채우는 데 안성맞춤이었다. 생생한 삶의 현장이 삶의 호흡을 고르게 해 준 것이다.

올 가을에는 알곡과 열매들이 풍성한 때를 잡아 시골장 여행을 가고 싶다. 온종일 서두르지 않고 난전 여기저기를 기웃거리다 돼지국밥 한 그릇으로 파장 때까지 기다리며 소소하게 흐르는 장날의 일상을 지켜볼 요량이다. 장날에 만나는 사람들의 넉넉한 인심도 구경할 겸 땅바닥에 펴질러 놓은 산수유, 머루, 복분자, 오미자 등의 시골장이 아니면 살 수 없는 열매들을 사올 참이다. 도시의 시장에 전시되어 있는 것처럼 미끈하고 고운 색깔이 아니더라도 자연과 어우러지는 빛깔의 과실을 고르리라. 모양새가 울퉁불퉁하면 울퉁불퉁한 대로 거무튀튀하면 거무튀튀한 대로 본래의 맛을 잃지 않은 과실들로 술을 담아 우러나는 나날을 지켜볼 것이다. 양손에 든 봉지속의 삶이 오미자처럼 맑고 곱게 물들기를 기대하면서 말이다.

삶이 질퍽하게 느껴지는 날에, 먹고사는 기본적 욕구조차 무시하고 싶은 날에, 이리저리 얽매인 고리가 불편하게 죄여오는 날에는 하던 일 제쳐두고 재래시장에 가야겠다. 가게 앞을 얼쩡거리면서 새로 나온 것들도 찾고, 살거리가 없어도 많이 살 것처럼 바쁜 걸음으로 복잡한 시장을 누비기도 하면서 시장 풍경만 주워 와도 좋으리. 그곳 사람들의 왁자지껄하게 주고받는 말들까지 챙겨지면 더욱 개운해지겠지. 살아있음이 다시 생생해질 것 같다.

마음을 내려놓다가

"행복하세요!"

"행복하세요?"

행복이 무엇일까? 사람들은 말끝마다 행복타령이지만 손에 잡히는 것은 제각각이다. 과거의 멋진 영상에 귀착하여 돌아가는 것일 수도 있고 지금 눈앞에 당장 아쉬운 것에 대한 충족일 수도 있고 훗날의 좀 더 나은 갈망일 수도 있겠지만 그 모든 것은 마음이 평온한 것의 다른 모습일 게다.

여름 날씨답게 후덥지근하다. 오늘은 한여름의 햇빛에 눌리기도 하다가 간간이 비를 뿌리기도 하고 먼 산에는 물안개가 피어오르기도 하며 오락가락하는 날이다. 날씨 때문인지 일이 손에 잡히지 않는다. 창밖의 풍경을 살피는데 난데없이 한 얼굴이 다가선다. ○○였다. 우중충한 날씨가 어찌하다 내 앞에 그를 불러들였는지는 알 수 없는 일이다.

우리의 만남은 한 10여 년 전으로 거슬러 올라간다. 같은 학교를 졸업한 동기였으니 안면은 있었지만 굳이 말을 섞어 본 일은 없는 거리였다. 직장을 옮겨 모든 게 생소한 첫날 구세주처럼 나타났다. 그 누구보다도 반가웠다. 끌어다 둔 보릿자루처럼 낯선 환경에서의 적응이 모자라는 성정 탓에 긴장했을 것이고 스스로 지푸라기라도 잡고 싶었던 참이었는지도 모른다. 그는 낯가림이 심한 내 모습이 측은해 보였던지 새로운 분위기에 빨리 어울릴 수 있도록 하나하나 살펴주었다.

그날 이후 우리는 오랜 친구처럼 가까이 다가섰다. 때때로 퇴근 후까지 함께하는 시간이 연장되기도 할 만큼 마음을 나누는 사이가 되었다. 직장에서 일로써 만난 사이가 휴대폰에 단축키를 설정할 만큼 친숙할 수 있음에 감사하며, 고주알미주알 생각을 엮어나갔다. 유안진의 지란지교가 부럽지 않을 만큼 든든했다.

그런 사이가 작년 연말쯤에 깨어졌다. 별다른 일도 아니었다. 어이없게도 말을 할 듯 할 듯하면서 말을 삼키는 전화음성에 어줍잖은 내 자존심의 날이 섰다. 자연스럽게 농담반 진담반으로 넘겨도 좋았을 상황에 브레이크를 걸었다. 지금까지 지내온 사이를 돌아보면 가당찮은 일이지만. 당황하여 엉거주춤 전화를 끊고 한참을 생각해도 이해가 되지 않아 다시 전화를 했더니 받지 않는다. 일부러 피하는 듯했다. 나 또한 피해보려는 의도도 있었지만 말로써는 감정 정리가 되지 않아 더욱 돋워진 기세로 메일을 썼다. 며칠이 지난 후에야 온 답문은 예상처럼 그간의 축축한 곰팡이 핀 마음을 전한다. 쇠망치로 뒤통수를 맞으면 그쯤 될까.

약이 오른 마음이 추슬러지지 않았다. 무엇에 마음이 상했는지 궁금하고 그 정도 두께밖에 되지 않는 끈이었는지 전화를 해서 조근조근 따져볼 생각도 여러 번 했지만 이미 물러진 참외처럼 혼자서 안달복달할 일도 아닐 듯했다. 물러나 앉은 마음을 되돌리는 것보다 시간과 거리를 두고 봐야겠다고 결론짓고 연락을 끊고 말았다.

되짚어본다. 행복을 도난당한 그날 이후 사람만나기가 조심스러워졌다. 답답한 마음으로 원망과 안타까움이 뒤범벅이 되어 꽤 오랫동안 근신 아닌 근신을 했다. 말도 조심 행동도 조심. 무엇보다도 마음을 쉽게 열지 않아야겠다는 생각이 굳어졌다.

마음을 내려놓고 호쾌하게 웃고 떠들 수 있는 만남이 몇 되지 않는다. 모임에 가면 감정에 휩쓸리지 않게 애초에 입단속을 했다. 중간은 하자는 심산으로 말도 행동도 아끼다 보면 데면데면하기 일쑤다. 그저 눈빛이나 맞추고 고개나 끄덕이며 빙긋이 웃다가 돌아와야 덜 다칠 것 같아서이다. 누구나 그러하듯이 사람은 자기본위로 산다하지만 자신이 아닌 타인의 시선을 떨칠 수 없다.

만남은 이미 예정된 인因과 연緣이 있어야 한단다. 인연이 있어 다가왔다가 인연을 다하면 떠나가는 것이라고 한다. 그 별리가 생과 사로 갈라서는 것이야 어쩔 도리가 없다하더라도 생이별의 경우에는 아린 앙금이 한동안 남는다. 그도 에너지를 뿜고 나도 에너지를 보내지만 공감대가 없어 각각의 진동으로 맴돌다 흩어지는 수면 위의 물방울같이 무심하다.

어떻게 하면 행복할까? 누군가는 급박한 상황에서 떠올릴 수 있는 사람이 있다면 행복하다고 했다. 아무 생각없이 마음을 내려놓아도 되는 자리가 있으면 충분히 잘 살고 있다고 할 수 있단다. 지천명을 넘긴 알음알이를 모두 내려놓고 싶다.

서른에게 보낸다

바깥 세상에 나서는 모습이 적잖이 걱정스럽다. 마음 놓고 살던 학교 울타리를 벗어나려니 설렘 반 두려움 반으로 분주하겠지. 책에서 배운 논리들이 세상의 질서와 같지 않음에 갈등할 일도 더러 있을 터이다. 주어지는 대로 받아들여야했던 옛날과 달리 개성을 존중받으며 자랐고 자기 존재감을 확연하게 키울 수 있어야하는 세대여서 더 어려울 수도…….

서른 번째 생일을 맞는 날에 난데없이 최영미의 시 「서른, 잔치는 끝났다」를 읊조렸다. 별 준비없이 들이닥친 삼십대가 걱정이 되는지, 나름 치열했던 이십대를 마무리하려니 미련이 남는지, 시골장터의 파장 분위기를 공감하는지는 알 수 없었다. 잔치가 끝나고 현실로 돌아와야 하는 시점을 제대로 가늠했으면 좋겠다는 생각을 하다가 나의 머릿속에는 김광석의 '서른 즈음에는' 이라는 노랫말이 스쳐간다. 마냥 머물러 있으리라 생각했던 청춘을 다시 보니 매일매일 이별하며 사는 것이라 했다. 가사속의 매일 이별하며 산다는 말이 그때는 낯설었다. 눈 앞의 일에 몰두하다보면 소중하게 생각한 일이나 역할에 느슨해지고 잊히는 것이 안타깝지만 받아들여야 하는 것으로 차츰 이해되었다. 그 노래를 부를 때만해도 조만간에 화면전환 되는 연보랏빛 세상이 곧 나타나리라 착각했던 모양이다. 그런데 그런 세상은 주어지는 것이 아니라 내가 맞추어야할 대상이더라.

3포 세대니 5포 세대니 하면서 네 또래들은 대개 세상살이를 버거워 한다. 열심히 앞만 보고 달려오다 벽을 만난 듯이 난감할 때도 있을 것이고 세상을 향해 소리치고 싶은 날도 없지 않겠지. 그러나 어쩌랴. 성장통이라 생각하고 감수하는 수밖에. 돌배기가 엎어지고 넘어지면서 걸음마를 배우듯이 그 세대 또한 나름의 역경이 주어질 것이고 넘어서야 할 것이니 단단히 각오를 해야 할 게다.

새내기의 역할을 버거워하는 모습에서 멋모르고 키운 시간을 돌아본다. 어릴 적 신동이 아닌 아이가 없다는데도 더러 착각하곤 했다. 솔직히 고백하자면, 육아나 발달단계특성에 무지했던 탓에 들떴지 싶다. 아무 준비없이 시작한 엄마노릇을 잘 해보려는 것이 내 눈높이에서 보이는 것을 채우는 것이라 여긴 나머지 이리저리 몰고 다녔지. 게다가 또래보다 이른 나이에 입학하는 것이 적이 염려스럽기도 했단다.

네댓 살쯤 되었을까. 한글카드를 보여주며 글자 익히기를 은근히 요구했고 간혹 글자를 알아맞힐 때면 아주 흡족해했지. 그 후로는 또래들과 어울려 놀기보다 책과 놀기를 강조했지 싶다. 유치원에서 아침시간에 동화책을 읽어주는 역할을 한다는 이야기를 들었을 때 흐뭇하고 뿌듯해하던 그때가 생각나네. 사회성을 길러야 하는 중요한 시기에 아이들과 어울려 놀기보다는 책의 재미에 빠지는 것을 내심 기뻐한 것도 사실이다. 책읽기에 흥미가 붙자 수업시간조차 교과서 밑에 숨겨서 읽다가 혼이 난 일도 있었다지. 아마 그때가 초등학교 3학년쯤이었을 거야. 자연스럽게 공부하는 습관이 길러졌던지 쬐끔 잘하는 축에 들었다.

운 좋게도 공부만 잘하면 모든 일에 면죄부를 주는 우리 사회 풍조 덕분에 학창시절동안 아주 편했지 싶다. 주변정리처럼 기본이 되는 생활태도는 서투르더라도 성적만 잘 받으면 부러움을 받았으니. 시험을 친 날이면 맞는 문제수보다 틀린 문제에 마음이 더 쓰여 곤혹스러워 하는 모습은 맞힌 문제수를 세며 흡족해하는 동생과는 대조적이었다. 시험결과에 대해 스스로를 책망하며 안타까워하는 모습이 더 미더웠던 것도 사실이다. 고등학교에서 대학진학에 무관한 가정 과목대신에 다른 외국어를 지도한다는 혁신적인 교육과정 편성을 고마워했었다. 그런 방식이 얼마 있지 않아 삶에 걸림돌이 되리라고는 생각하지 못했다.

요즘은 책에서 배울 수 없는 사람사이의 관계를 엮는 능력이 더 요구되는 시대이다. 지식을 채우는 것보다 주변사람들의 마음을 읽고 공감하는 일이 사회생활에서 중요하다. 자신의 생각을 깊이 묻고 에둘러 표현하더라도 재바르게 의도를 알아차려야 원만하게 이어갈 때가 많거든. 철부지한 엄마로 인해 또래들과 어울려 놀면서 토닥거리고 양보하기도 하며 배려하는 법을 배워야했던 유년기가 어설펐던 탓에 나름의 생각이 선 지금 그들과 맞추기가 쉽지 않을 것이다. 혼란스러워하는 모습이 많이 미안하구나. 낯선 상황들에 부대끼는 모습들에 마음이 쓰이지만 지금이라도 스스로 헤쳐 나갈 수밖에 없는데 어쩌지.

삶은 행복을 찾아가는 여정이란다. 스스로 즐겁고 스스로 즐길 수 있는 일을 찾아내면 좋겠다. 지금은 세상에 쫓기어 자신의 느낌을 바라볼 여유가 없겠지만 가끔은 내 밖에서 자신을 바라볼 수 있어야 할 게다. 얼마나 열심히가 아닌 얼마나 즐겁게 생활하는지 객관적인 관점에서 종종 점검하면 좋을 듯하다. 지금껏 배움중심의 입장과는 다른 사회 새내기로서, 또 서른의 길목에서 어떤 역할이 어울릴지 다시 곰곰이 생각해 보면 좋겠다.

지난 삼십년을 다시 돌아본다. 앞을 내다보기는 고사하고 하루하루 메우기에 급급했던 시간에 비해 큰 탈 없이 자라준 것이 새삼 고맙다. 미숙했던 육아방식들이 보이는 지금에야 어른의 축소판이 아닌 아이의 모습으로 대할 수 있을 것 같은데 삶에는 연습이 없으니. 책에 치중했던 시간들이 지금부터의 삶에 디딤돌이 되기를 기도할게.

동행

수국 축제에 갔다. 수국은 농담이 같지 않은 낱낱의 색깔들이 어우러져 새로운 빛깔을 만드는 다발꽃이다. 한 송이 한 송이는 향기롭거나 눈길을 끌 만큼의 자태는 아니지만 편안하고 친근한 모습이 폭죽처럼, 공처럼 원만한 세상을 이루고 싶은 모양이다.

몽탕몽탕 만개한 수국 꽃들이 시야에 꽉 찬다. 온 천지가 꽃세상이다. "우와~ 대단하다.", "천지삐까리네." "야~ 좋다." 꽃 보러 온 사람들의 감탄이 쏟아지고 얼굴에 꽃물이 번진다. 해맑은 꽃 색깔이 꽃을 보는 동안만이라도 그들의 마음에 드리워진 수심을 지워 밝은 표정으로 어울리게 하는가 보다. 꽃을 찾아온 그들의 마음도 수국처럼 이미 한 덩이의 불꽃으로 어우러진다. 마음속의 미운 것, 좋은 것, 괴로운 것, 슬픈 것들이 합해져서 서로 희석되고 상쇄되었을지도 모른다. 자연은 언제나 인간의 마음을 쓰다듬어주고 따뜻하게 품어준다.

우연히 TV에서 '동행'이라는 프로를 보았다. 왕년의 국가 대표 박영숙 양궁선수가 말라위의 국가대표 양궁감독이 되어 지도하는 내용이었다. 박 감독은 최소한의 연습 시설이나 장비를 갖추기조차 어려운 시설과 열악한 조건에서 여러 가지 어려움을 참아내며 자신의 재능을 기부하고 있는 중이었다.

아프리카 남동부의 말라위는 지구상에서 가장 못사는 나라에 속한다고 한다. 출생한 다수의 어린이가 다섯 살이 되기 이전에 영양실조로 세상을 떠나는 기아에 허덕이는 국가로 알려져 있다. 어디서부터 나라를 세워야 할지 막막한 속수무책束手無策의 상황에서 교육은 고사하고 먹거리조차 턱없이 부족하여 해외 원조에 많이 의존한다고 한다. 당장 먹고 살기조차 힘든 나라에 무슨 희망이 있을까.

박 감독은 오로지 오늘의 배고픔을 해결하는 일만이 절실한 그들을 어떻게 설득할 엄두를 냈을까. 양궁을 가르칠 청소년을 모으고 새로운 세상을 소개하며 생전 처음 접해보는 운동을 지도해보려는 용기를 냈을까. 과녁조차 구하기 어려운 형편인지라 사탕수수 더미를 쌓고 그 위에 과녁판을 붙여서 연습을 시작했다. 신발을 신지 않고 사는 그들에게 운동을 위한 중고운동화를 사 신기며 선수로서의 자세와 사기를 키웠다. 순박한 꿈

나무들은 감독의 안내를 묵묵히 따르며 연습한 결과 3년 만에 세계양궁올림픽에 출전할 수 있었다.

양궁선수들에게 중요한 것은 좋은 장비로 성적을 높이는 일보다 우선 자신의 삶에 의지를 갖고 열정을 찾아주는 일이었다. 토속어로 된 말밖에 할 줄 모르는 아이들에게 영어를 읽을 수 있게 하여 바깥 세상에 대해 눈뜨게 했고 양궁이라는 새로운 경험과 미지의 세계에 대한 동경을 갖게 함으로써 그들이 살아가는 힘과 꿈을 갖게 했다. 그들의 양궁 입문은 선수뿐만 아니라 마을 주민 모두에게 기쁨이고 희망이 되었다.

이미 세상의 편리한 방식에 길들여져 있고 충분히 그렇게 살 수 있는 여건이 주어졌는데도 이를 마다하고 어려운 곳을 찾는 용기는 아무나 가질 수 있는 일은 아니다. '울지마 톤즈' 영화의 주인공인 이태석 신부님의 이야기도 그렇다. 그도 아프리카의 오지 수단에서 의료봉사를 통해 자신의 존재를 확인하는 삶을 살다갔다. 의사로서 확보된 삶을 마다하고 모든 게 부족한 환경에 자신의 시간과 노력을 보태려는 의지가 눈시울을 적셨다. 한센병자를 돌보면서 그들에게 희망을 심는 일은 우리 모두에게 삶을 다시 생각하게 했지 싶다.

요즘 봉사 열기가 일고 있다. 어쩌면 봉사활동이 타인을 위한 배려나 적선積善이라기보다 가슴 뿌듯한 자신의 존재감을 찾기 위한 몸부림인 듯하다. 점점 물러져가는 일상에서, 어떤 일이 진정으로 마음을 쏟아 부을 수 있는 가치로운 일일까. 유행인지 진짜 여유인지 알 수 없지만, 제 앞가림하기에도 바쁜 세상에 타인의 삶을 가꾸고 희망을 심는 일로 자신의 삶을 채우는 이야기들이 자주 매스컴을 탄다. 그저 많이 채우고 높이 오르는 것만이 지상의 과제인양 살아가는 세태에 이들은 어디를 보고 무엇을 생각할까.

삶은 누군가와 함께 가는 길이다. 함께 가는 길이 아름답기에 누군가와 어깨동무하고 가려한다. 혼자 앞만 보고 달려갈 것이 아니라 눈을 치뜨고 위를 살피기도 하고 때로는 옆에서 도란거리는 소리도 듣고 아래에서 끙끙대는 모습도 누군가와 함께 보며 가야한다. 함께 갈 때 더 행복함은 늘 머릿속의 화두이지만 눈높이 조절을 못해 아웅다웅 했던 시간들이 오늘따라 더 망울진다. 함께 어울려 피어 더 푸근하고 더 친근한 수국이 나에게 묻는다.

"너는 누구와 함께 어디로 가고 있는가?"

틈새

아침부터 비가 내린다. 삼월 첫날, 겨울비인지 봄비인지 정체가 분명치 않지만 위세당당하다. 겨울의 잔상을 말끔히 씻으려 작정한 모양이다. 그동안 유난히 맹렬했던 한파, 우중충한 하늘빛, 날카로운 바람이 합동작전으로 뭇생명체를 충분히 겸허하게 만들었을 것이니, 이쯤에서 조이던 끈을 풀어 줄 요량이었을까. 겨우내 아침 뉴스에서는 날씨 소식을 먼저 전하며 '오늘도 무사히'를 강조해 왔다. 일기예보가 나에겐 묵묵히 견디어 보자는 격려의 메시지처럼 들린다.

옛날 어른들은 겨울이 지겹다고 하셨다. 그 말을 들을 때는 이해할 수가 없었지만, 지난겨울을 버티듯이 살아본 지금에서야 수긍이 된다. 어려운 살림살이에 날씨마저 보탬이 되지 않았을 터이니 긴 터널처럼 지겨울 듯하다. 나 또한 겨우살이처럼 기댈 언덕이 필요한 때가 되었는지 여느 겨울과는 달리 온 몸으로 봄을 기다렸다. 겨울을 견디어낸 봄의 촉을 찾아 버석거리는 몸에 끼워 넣고 몸 한 바퀴 돌리고 싶은 생각이 들었다. 매화가 피는지 꽃눈에 내 눈이 자주 가고, 하늘빛이 맑아지는지, 사람들의 표정이 가벼워지는지 두리번거렸다.

삼월은 관조觀照의 시간이고 싶다. 나보다 더 혹독한 겨울을 치르고 건너온 생명체들을 찾아 조용히 마음의 눈으로 살피려 한다. 지금껏 당연시했고 무심했던 그 강인함을 눈으로 확인하며 위로해야겠다. 온 몸으로 부대낀 겨울이었기에 삼월의 움직임에 눈이 가고 마음이 미물지 싶다. 3월이 되있기에 꽃이 핀 것이 아니라 꽃이 피어 3월을 맞이해야하는 것으로 더 우기고 싶은 심정으로 기다렸다. 여태껏 꽃이 눈에 들어와서야 봄을 발견하고 달력을 헤아리던 씁쓸한 봄이고 싶지 않아서이다. 기다리던 손님을 맞이하듯이 움트는 새싹을 정중하게 예를 갖추어 만나 그 기운을 이식받고 싶다.

삼월은 청음聽音의 시간이고 싶다. 긴긴 기다림 끝에 만난 따뜻한 기운을 끌어안고 그 박동소리를 들으려 한다. 삼월 달력 그림의 기미만세소리가 겨울을 벗어나는 생명체들의 아우성처럼 들려온다. 사람들이 광장에 모여 두 팔을 벌려 하늘을 우러르는 풍경에서 소리없는 함성이 들리는 듯하다. 무채색 가득 찬 겨울을 견뎌내고서 맞이하는 묵언의 소리는 사뭇 경건하고 진지하다. 두 손을 모으고 고개를 숙여 자연의 변화에 감사하는 모습들도 간간이 보인다. 나 또한 그 중의 하나일 듯하다. 겨울은 사람의 속을 채우는 시간이었나 보다.

의미 없는 시간은 없다. 을씨년스럽고 구질구질해 보이는 풍경이었지만 지나고 보니 헛되지는 않았나 보다. 지난겨울은 나에게 속으로만 알고 속으로 삭이며 지나가라는 암묵적인 압력을 행사해왔다. 삶에는 원하는 것만 주어지지 않을뿐더러, 원하지 않는 시간이 왔을 때도 묵묵히 받아들여야 하는 것을 가르치고 싶었을까. 곰삭일 수 있는 인내는 하루아침에 다져지지 않기에, 자연은 시험대를 만드는 모양이다. 원하든 원치 않든 간에. 그리 보면 겨울처럼 내면을 다지며 순응하는 시간은 꼭 있어야 할 것 같기도 하다.

가장 기다림에 익숙한 종족은 원시부족들이라 한다. 밀림에서 자연에 순응하며 살아가려면 기다리는 법을 우선적으로 체득해야 할 것 같기도 하다. 먹거리가 풍성할 때에 메마를 때를 대비하는 법을 익히고, 추위나 더위를 참아내는 법을 아주 어릴 적부터 배웠기에 언제라도 늠름하게 견뎌낸다. 때때로 자연이 주는 재앙으로 더 겸허한 삶의 자세를 익히기도 한단다.

어느 광고문구인 "기회는 많은 기다림으로 다가오지만 순간 지나간다."는 말이 생각난다. 삶은 많은 인고의 시간 끝에 기쁨이 잠깐 엮인 것이므로 흡족하기를 기대하기보다는 작은 만족을 찾으라는 의미쯤으로 생각된다. 끝없는 욕심을 가지고서는 기회조차 알아차리지 못하고 놓치게 된다는 뜻도 포함된 듯하다. 크게 만족할 일 자체가 주어지지 않는다는 말은 아닐까.

춘래불사춘春來不似春! 산꼭대기의 잔설은 봄은 왔으나 봄이 오지 않았다고 일갈한다. 미처 떠나지 못한 바싹 마른 갈참나무 잎들은 굵은 빗줄기가 곤혹스러운지 바람부는 대로 이리저리 쏠리며 맴돈다. 그 와중에 고맙게도 준엄하게 고개를 내민 촉수들이 새 세상을 준비하고 있다. 공존의 시간이다.

겨울과 봄 사이에는 냉기와 온기가 혼재하지만 더운물과 찬물을 섞은 것처럼 밍밍하지는 않다. 봄을 보는 오늘은 내리는 비에 가슴 한 자락이 촉촉해진다. 주말에는 때 이르지만 상큼한 봄나물과 청량한 새소리를 찾아 나서야겠다.

잠시 기웃거리다 돌아갈 세상이라고 하지만 겨울과 봄의 그 틈새에 사람사는 세상이 있으니….

꼬장 어른

서둘러 장례식장에 갔다. 나이 앞에 장사 없다더니 친구 아버지께서 구순 생신을 바라보던 어느 날 홀연히 떠나셨단다. 워낙 정정하시던 분인지라 백수를 누릴 거라 자타가 장담하던 분이시다. 미처 떠나보내 드릴 준비를 하지 못한 가족들은 우왕좌왕하면서 고인의 마지막 배웅을 서두른다.

어릴 적부터 한 동네에 살아 여느 부고보다 애잔하다. 친구 아버지긴 해도 학창시절동안 친척보다 자주 뵈었기에 친구를 만나면 먼저 안부를 챙기게 되고 최근까지 일 년에 한두 번은 찾아뵙던 어른이시다. 우리는 선비 기질이 다분하신 친구아버지를 '꼬장어른' 이라고 불렀다. 원칙에 충실하라는 말씀으로 가끔씩은 우리를 숨 막히게 하셨지만, 철저하게 자신을 관리하시던 모습이 눈에 선하다. 운동이나 음식조절은 물론이고 시간관리도 엄격하셔서 '동양의 칸트' 라고 입을 삐쭉거리곤 했다.

누구에게도 예외 없는 법칙에 따라 삶의 종점에 다다르셨다니 이런 저런 모습이 돌아봐진다.

꼬장 어른은 딸의 친구인 나를 딸과 똑같이 대하셨다. 중학생이 되어 처음 교복을 입은 모습이 대견스러웠던지 두 딸을 앞에 앉혀놓고 세상 돌아가는 이야기를 들려주셨다. 꿈을 가꿔야 한다고 강조하시다가, 예의바른 숙녀가 되어야 한다고 구체적인 행동을 들어서 설교를 하시는 등등의 장황한 주문을 하셨다. 지금 생각하면 살가운 마음을 표현하는 방식인데 그때는 친구와 눈을 맞추며 속으로 '또 잡혔구나' 하며 벗어날 궁리만 했다. 더러는 귀가 솔깃해지는 말씀도 전해주시고 퇴근길에는 따끈한 찐빵봉지와 함께 '공부하기 힘들재' 하시면서 우리를 격려해주시곤 했다. 그 맛이 새삼 그립다.

고인이 장내를 내려다보신다. 눈도장을 찍으러 온 문상객들이 왁자하다. 산 사람의 철없는 행동을 근엄한 표정으로 지켜보실 뿐 더 이상 말씀이 없다. 기본적인 예를 마친 나는 빈소의 한 구석에 앉아 물끄러미 영정사진을 올려다본다. 눈길을 맞추며 "살 가시이소." 하는 마음을 전하며 고인이 남겼을 메시지를 찾는다. 마지막 길을 떠나면서 산 사람에게 어떤 말을 남기고 싶을까. 반듯한 삶을 유별나게 고집하시던 어른이신지라 삶을 마감하는 시점에서 산 사람에게 일러두고 싶은 말씀들이 쏟아졌을 것만 같다. 영정사진의 표정은 밝게 펴이기도 하고 찡그려지기도 하다가 다시 평정을 찾아 근엄하게 돌아온다. 자신만만하게 살아보라고 말씀하시는 듯하기도 하고 찬찬하게 두드리며 건너라고 타이르는 말씀도 간간이 들린다. 어쩌면 평소에 자주 하시던 말씀들이 모두 유언일지도 모른다. 생전의 모습들이 머릿속을 스쳐가면서 이런저런 말씀도장이 찍힌다.

삶은, 살아 있음은 무엇일까. 무엇을 향해 좇아가고 있을까. 정답이 없다는 길을 가면서 챙겨야 할 것은 무엇인가. 꼬장어른처럼 열심히, 부지런히 당도하고 나면 무엇을 찾을 수 있을까. 어떤 마음으로 마지막 순간을 맞아야 할까. 세상을 마감하는 고인의 대답이라 할지라도 명쾌할 수 없겠지만 지나온 길을 돌아보게 하고 살아갈 길을 지레 짚어보게도 한다. 하루하루를 충실하게 산다고 살았지만 앞도 뒤도 손에 잡히는 넝쿨은 없다.

훗날 나는 어떤 얼굴도장을 찍고 떠날까. 남길 얼굴이 근엄하거나 진지한 표정, 엄숙한 표정은 아니면 좋겠다. 힘들어하는 얼굴, 억울해 하는 얼굴은 더더욱 아니어야 할 텐데…. 다들 제각각의 몫에 걸맞는 삶을 살고 있는데도 굳이 내 생각이 정답인양 고집하지는 않는지. 흙장난 하던 아이가 제 부르는 소리를 듣고 손을 탈탈 털며 뒤돌아보지 않고 사라지듯이 떠날 수 있으면 좋으련만…….

사실만큼 사셨기 때문일까. 울고불고 상주들의 애통한 곡소리도, 장례식장의 테이블을 촘촘하게 채운 문상객들의 애닯은 표정도 찾기 어렵다. 상주에게 애도의 예를 표하고 머나먼 저승길에 노자 몇 푼 전하는 것으로 이별의식을 다한 모양이다.

고인의 뜻이었을까. 고인은 긴 삶을 벗어던지느라 안간힘을 쓸 텐데 산사람은 산사람끼리 안부를 확인하느라 분주하다. 마지막 가는 길의 배웅마저 더 이상 대사大事가 아닌 듯하다. 고인의 눈빛에 도장이 콱 찍힌 나를 찬바람 한줄기가 휘감는다.

모기 세례

왜 나만 물릴까. 여럿이 함께 있어도 유독 많이 물리는 나를 보며 어른들은 피가 달아서 그렇다고 한다. 어느 책에서는 체온이 주변사람보다 높아서 그렇다고도 하고 어떤 사람은 체취에 땀 냄새가 섞이어서 모기를 부른다고도 한다. 어쨌든 여름이 시작될 무렵부터 늦가을까지 긁어댄다. 모기들이 점령한 자리에 퇴치 훈장이 내 몸의 여기저기 널브러져야 한 여름이 지나는 셈이다.

모기에 물린 좁쌀보다 작은 자리는 온 몸에 흩어진 감각들을 총동원시킨다. 온 신경들이 그 점같은 자리에 몰려들어 가렵지 않을 때까지 긁는다. 남의 눈에는 산만해 보이고 참을성이 없는 행동이지만 벌겋게 부어오를 때까지 손이 간다. 여기저기에 물려 송신해하는 모습을 보신 어른들은 침을 발라 가만히 두면 된다고 무수히 이야기하였지만 나의 긁기 작업은 내 의식이 분산될 때까지 계속된다. 참을성이 부족한 탓인지 모기에 물리는 일에 예민해서 그런지 때와 장소를 가리지 않고 긁어대는 모습은 내가 봐도 가관이다.

엊그제 산사에 다녀왔다. 어두운 법당에 불을 켜자 구석구석에서 휴식하던 모기들이 아닌 밤중에 웬 홍두깨냐 싶은 모양이었다. 그들은 대번에 단합을 하였는지 불청객을 단호하게 맞이하였다. 시커먼 수풀 속 모기보다 체구가 작아 대수롭잖아 보였지만 산 속 모기는 허기진 차에 잘 차려진 밥상을 만난 것처럼 예고탄도 없이 야무지게 폭격을 해댔다. 달려드는 모기떼를 발견하고 팔을 이리저리 휘두르고 몸을 털면서 물리지 않으려는 자와 좀 얻어먹겠다는 자의 한판 대결이 벌어졌다. 기도는 고사하고 하찮은 모기의 의지에 대항한 힘겨루기는 백전백패였다. 드러난 맨살 뿐 아니라 옷 속까지 무차별 공격을 받고 허허로워졌다. 그 뿐이 아니다. 물린 자리를 긁어대다 보니 집모기의 공격보다 더 넓고 더 많이 부풀어 오른다. 그 흔한 모기퇴치약이나 물린 데 바르는 약 하나 준비하지 않았던 나는 과녁처럼 모기들의 일방적인 사격대상이 되고 말았다. 내 욕심에 급급해서 절을 찾았다가 따끔한 맛을 본 셈이다.

모기떼들이 한꺼번에 잽싸게 달려드는 모습을 보면서 어느 불경 구절이 생각이 났다. 어느 행자 스님 두 분이 절에 와서 지내는 이야기를 나누게 되었다. 서로 어렵게 지내는 지난 경험담을 나누면서 기도를 통해 삶의 진리를 터득한 이야기를 주고받을 때는 천상에서 꽃비가 내려 격려했단다. 이런 저런 이야기끝에 두 사람이 행자로서의 어려움이나 불만으로 이야기가 옮겨가자 어디서 나타났는지 마구니떼가 몰려와 행자 스님들의 수행 의지를 꺾으려 했다는 것이다. 자신의 기운이 그런 상황을 만든다는 요지로 수행자의 마음가짐을 가르치려는 내용이었다. 그럼 나에게 달려드는 모기는 기도를 방해하고자 하는 공작요원들이 아니라 나를 키우고 도우려는 신장들의 분신이었을까.

머릿속이 복잡해지면 눈을 감는다. 구석구석에서 진동음을 날리고 있던 생각들이 눈앞에 나선다. 내 의지와는 관계없이 들이닥치는 일들에 대한 나의 반응을 되돌아본다. 한발짝 물러서서 일들이 돌아가는 사태를 관망하면 좋으련만 모기에 물렸을 때처럼 즉각적 반응을 하면서 대책에 속을 끓인다. 침 바르고 지날 일이나 그냥 모른 척하며 반응없이 지나갔으면 덜 후회할 일을 스스로 굴레를 만들어서 아웅다웅하고 있다. 긁지 말고 좀 기다리면서 참다보면 의외로 묘안이 떠오르기도 할 텐데 말이다. 언제쯤 여름날 파리떼를 쫓는 소꼬리의 유연함을 터득할지….

참아내는 힘은 삶의 필요조건이다. 내 잣대로 호불호를 가리며 분별심을 내는 것이 습관이 되었는지 그 순간을 넘기지 못하고 번번이 후회한다. 묵묵히 지나다보면 오해였던 것을 스스로 터득할 때도 있고 내 시야가 척박하기 때문에 현상들이 팍팍하게 다가서는 일이 없지 않았는데도…….

하루를 참으면 백날이 편하다는 할머니 말씀이 새롭다. 마음 내기를 조심하며 토닥토닥 등 두드려 주는 진짜 어른 되는 날이 어서 왔으면 좋으련만.

생태적 사유와 사회적 자아의 대화

박양근
부경대 교수, 문학평론가

박정희 작가를 위하여

문학은 탐구와 설명의 글이 아니라 가치를 정립하는 산문이다. 학문과 달리 인간과 사회와 자연과의 유기적 관계를 다루는 문학은 인간적인 면모와 향기를 지닌다. 그 점에서 문학은 만물이 지닌 의미를 캐내는 해석학이라고 부르기도 한다.

문학 작품은 대상과 관계를 맺으려는 작가의 욕망에서 비롯한다. 인간은 사회와 자연과 분리되어 존재할 수 없는 생물이므로 작가는 더욱 유기적인 관계망을 형성하려는 꿈을 품는다. 수필에서 이러한 추이는 더욱 두드러진다. 수필이 자연 수필과 전傳수필과 사회성 에세이로 나누어지는 이유도 수필의 다원적 기능을 보여주는 예라고 하겠다.

박정희 수필가는 인간과 대상과의 관계에 남다른 관심을 보여준다. 그가 다루는 제재는 동시대를 살아가는 사람, 사유의 질료가 되는 자연, 그리고 그가 속한 사회로 나누어진다. 첫 수필집 『남새밭의 이야기꾼』은 당연히 대상과 소통을 추구하는 담론으로 이루어진다. 교육현장과 생의 터전을 성실하게 지켜온 작가가 깨달은 가치는 대화의 중요성이다. 언어가 진실을 담보하는 것이 아니라 진실의 여부가 언어를 선별하므로 작가는 생태계가 지니고 있는 소통방식을 담고 싶어 한다. 생태철학이 추구하는 공생과 공경으로써 자신의 삶을 성찰하고 반영하려는 것이다.

5부 38편으로 구성된 『남새밭의 이야기꾼』은 내용과 문장에서 남다른 특징을 보여준다. 간결한 문체, 적재적소의 언어, 효율적인 구성력이 작가의 삶과 수필의 문학성을 유기적으로 연결시켜주고 있다. 나아가 생태계, 사회성, 자아탐색으로 구분되는 수필세계가 유기적인 균형미와 의미망을 구성함으로써 스토리텔러 박정희의 문학성을 시종 입증해 주고 있다.

자연의 전언과 작가의 잠언

문학은 생명에 대한 절대가치를 추구하는 글이다. 인간계에서 만물로 확대해 가는 수필이 지구라는 공간을 다루면 새롭고도 낯선 해석의 길이 만들어진다. 그 길 중의 하나가 현대수필이 다루어야 할 생태주의이다. 생태문학은 자연현상을 우주의 섭리로 풀어내는 일종의 철학이다. 자연의 순리는 단순히 흙과 나무와 물을 소중히 여기는 것이 아니라 서로 공경하는 자세를 의미한다. 레이첼 카슨의 『침묵의 봄』(1962)이 출간된 후 많은 문인들이 생태계와 인간과의 상호 관련성을 주목해 오고 있다.

박정희는 인간의 행위가 자연환경에 미치는 영향을 남달리 관찰한다. 인간의 관점이 아니라 동식물의 입장에서 공존에 관한 인식을 풀어내는 그녀의 수필은 지구환경이 인간의 생존문제에 해답을 줄 수 있는 오디세이로서 인간과 자연과의 관계를 새롭게 다룬다

『남새밭의 이야기꾼』은 박정희가 추구하는 두 개의 심리적 요소로 이루어진다. '남새밭' 은 작가가 설정한 자연애를 상징하며, '이야기꾼' 은 자연의 이야기를 전하는 중매쟁이임을 자처하는 신원을 나타낸다. 삶터를 공유하라는 가르침을 따르는 작가의 의식은 '인간은 만물의 영장이어야 한다' 는 말로 요약된다.

> 동물의 세계에서 알려진 모습에 턱없이 부족한 인간의 모습들이 여러 매체들을 통해 매일같이 우리의 귀와 눈을 자극하고 있다. 동물에게도 이렇게 수준 높은 의식이 있다는 것은 생경스러운 일이다. 어느 절박한 순간 나의 무의식적 행동에서도 하마의 행동이 모방되기를 기도한다. 지금부터 '인

간은 만물의 영장이다'가 아닌 '인간은 만물의 영장이어야 한다.'로 바꾸어야겠다.

–「하마의 의리」 일부

작가는 자연 모방의 필요성에 정당성을 부여한다. 천성과 습관의 의미도 구별한다. 천성이 자연친화적이라면 습관은 문명지향적이다. 사람들이 처음에는 천성을 지녔지만 살아오면서 습관에 물들어 버렸다고 작가는 생각한다. '명예와 재물이 인간의 천성을 밍친다'는 징자의 말을 인용한 깃도 그녀의 생각을 뒷받침하기 위한 수사법이라고 하겠다.

생태적 자연관은 여타 작품에서도 발견된다. 다람쥐와 소통하려는 모습을 담은「천성과 습성 사이」, 산중 불빛을 향해 달려오는 나방의 본능을 그려낸「나방과 하룻밤을」은 생태환경에 관심을 두지 않았던 과거의 우직함을 반성하는 내용을 담고 있다.

박정희의 경우, 생태적 성찰은 식물에 대한 애정에서 집중적으로 나타난다. 두 평 남짓한 땅에서 채소가 자라는 과정을 경이롭게 지켜보는「그럼에도 불구하고」는 자연원리에 반응하는 것이 세상이치와 비슷하다는 것을 일러준다.

배추의 한살이도 애초에 생각한 대로 살아지지 않는 우리의 삶과 별반 다르지 않다. 다행히 거름기가 많은 흙을 만나면 씩씩하게 살아지겠지만 부박한 인연을 만나면 주어지는 대로 살아가야 할 따름이다. 살다가 굴곡이 간다 해도 나름의 역할에 충실해야한다. 욕심낸다고 뜻대로 되지 않을뿐더러 휘어지고 굽어진다고 포기할 것도 아니라는 것을 나에게 가르치기 위해 저런 모양새로 버티고 있는 것은 아닐까.

—「그럼에도 불구하고」 일부

농작물은 거름기가 없는 땅에서도 주어진 대로 산다. 만물의 영장으로서 인간은 만물의 지배자로 자처하지만 배추가 인간에게 어떻게 살아야 하는가를 가르쳐준다는 사실을 알 수 없다. 그 무지를 일깨우는 것이 생태철학이라고 말할 수 있다.

표제작 「남새밭의 이야기꾼」은 채소를 주체로 삼고 낯설게하기로 완성시킨 작가의 대표작이면서 문제작으로 평가된다. 생태에 무지한 인간을 풍자하는 구절은 "쉿! 그 여자가 오고 있다."라는 서두이다. 서두에 등장하는 3인칭 '그 여자'는 생태계에서 스스로를 소외시킨 인간을 대변한다. 그 여자는 남새밭을 찾아와 '제 아이를 품에 안은 엄마의 표정과 눈빛'으로 살펴보지만 타자의 관점에서 남새밭을 걱정하지 않는다. 유식한 척, 남새밭을 소유개념으로 여길 따름이다. 인간의 무관심과 이기주의를 개의하지 않는 배추는 인간의 반응과 상관없이 본연의 임무인 성장을 계속해 간다.

> 우리가 사는 공간이라야 병풍 서너 폭보다 작지만 우리 씨족의 열성은 그 여자의 열정에 어금버금했지. 애초에 좁쌀만 하던 몸집이었지만 불리다보니 손바닥만 한 잎으로 밭을 채웠고 새 빛으로 눈부시도록 반질거렸지. 그뿐이 아니야. 싱싱한 잎을 키워 그 여자의 입꼬리를 끌어올리려고 날마다 안간힘을 썼다는 고백도 해야겠네.
>
> –「남새밭의 이야기꾼」 일부

'우리' 라는 1인칭 복수형에는 곡물과 채소뿐만 아니라 잡초까지 포함된다. 공존의 질서에 맞추어 그들은 인간과 '어금버금' 하며 어울려 산다. 생태계의 생명체들은 서로를 위해주는 말을 아끼지 않지만 인간들은 생태계의 언어에 무지하기만 하다. 「남새밭의 이야기꾼」은 생태계와의 단절을 의인화한 우화로서 인간이 깨쳐야 할 공경의 정신을 풀어내고 있다.

박정희의 생태주의 수필을 살펴보면 풀조차 인간의 삶과 대등하게 그려진다. 그녀는 조그마한 남새밭에서 사람이 살아가는 사회를 상상하고 미미한 자연물을 '묵묵히 수행하는 수도자'로 인식한다. 이렇듯 작가는 생태계의 삶을 경건한 종교적 대상으로 끌어올려 인간들에게 남다른 자성을 불러일으키고 있다.

존재의 재발견자로서 이야기꾼

문학은 절실한 언어로 인간의 일생을 탐구하는 장르이다. 박정희는 교육자로서, 가정의 일원으로서, 작가로서 현실을 다면적으로 관조하고 있다. 여타 작가의 수필이 외적 생활을 주로 다룬다면 작가는 사회적 일원으로서 인간존재를 재발견하고 재해석한다.

자연을 소재로 한 그의 수필이 어떻게 살아야하는가라는 문제를 다룬다면 인간과의 교감을 바탕으로 하는 이야기는 지적 진실을 추구한다. 그가 소중히 여기는 공경과 상호존중의 자세는 자연스럽게 생태적 인식에서 이어지고 있다. 작가는 교직을 통하여 단련된 성품으로 주변 인간생활을 긍정적으로 지켜본다. 일반적으로 작가의 의식은 삶에 어떤 신념을 가지는가에 좌우된다. 무엇보다 물리적 시간에 좌우되지 않고 삶을 이어가는 자세가 수필의 품격을 결정한다. 박정희의 수필이 교술 문학의 면모를 지니고 있지만 넘치지 않는 이유는 삶의 길을 자연스럽게 걷기 때문이다. 그녀의 문장도 담백한 언어로 삶의 도리를 적어내게 된다.

박정희가 추구하는 존재의 재발견은 '나무'를 통해 이루어진다. 나무는 거처하는 장소에 불만을 품지 않고 사계절의 변화를 묵묵히 받아들인다. 나무가 가르쳐주는 미덕은 인내와 겸손이다. 「남새밭의 이야기꾼」에서 배추의 인내심을 말하였다면 「머리 조심」에서는 '누워 있는 나무' 를 통해 겸손의 가치를 전달한다.

> 고개를 숙이면 절대 부딪치지 않는 법이다. 고개를 숙이고 몸을 낮추는 것이 힘드는 일은 아닌데도 쉽지 않다. 어쩌면 자신을 낮추는 것이 자신을 세우는 것일지도 모른다. '자세를 낮춘다는 것' 이 한동안 나의 화두였다.
>
> –「머리 조심」 일부

몸과 마음을 낮추는 것은 굴신屈身이 아니라 겸손의 절신節身이다. 절신은 자신의 지조를 지키되 상대의 의견을 수용하는 몸가짐이다. '머리 조심' 은 그 자기약속의 명패라 할 만하다. 「다소유多所有」도 무소유로의 길과 인내를 추구하는 자세를 보여준다.

> 삶에도 다이어트가 필요하다. 인생 곡선에서 사들이고 모으는 시기가 있었다면 줄이고 버리는 시기가 있어야 한다. 돌아보니 늘려가고 보태어 가는 기쁨만 알고 있었기에 채우는 즐거움만 찾았을 뿐 비우는 기쁨에는 관심 없이 살았다. 내리막길에 들어선 지금, 삶의 군더더기를 줄이는 것도 정갈한 삶을 사는 방법이 되리라.
>
> –「다소유多所有」 일부

삶의 다이어트는 무소유에 일치하는 '빈 공간' 을 마련하는 행동이다. 대량소비시대에 맞서서 "채우는 기분과 버리는 기운"의 차이를 성찰하고 꽉 찬 공간에서 빈 공간으로 이동하면 삶에 긍정적인 변화를 줄 수 있다.

작가는 누구보다 주변사람에 대하여 온유하고 따뜻한 인정을 품고 있다. 애정과 포용력 외에 삶을 긍정하고 감사하는 작가의 모습은 「어떤 인연」, 「해병대 용사」, 「해피 투게더」에서 살필 수 있다. 복잡한 세상에서 공존하기 위한 관용은 남의 잘못을 배려하는 마음이다. 자동차 접촉사고를 냈지만 상대방으로부터 오히려 걱정 말라는 연락을 받았다는 「어떤 인연」은 우연을 아름다운 인연으로 승화시키는 방식을 제시한다. 작가가 자연을 통하여 배운 학습을 생활에 적용한다는 점에서 '세상사는 법' 을 일러주는 교술로 해석할 수 있다.

성격수필로서 「해병대 용사」에서는 아침산책을 하는 노병이 등장한다. 퇴역을 했을지라도 군가를 부르고 당당하게 마을길을 행진하는 노병은 일상의 삶을 존재의 차원으로 발전시켜 나간다. 작가는 그를 통해 '자신과 먼저 대화하는 것' 이 필요하다는 사실을 발견한다. 자신과의 대화란 건강한 용기를 스스로 장만하는 것으로 해병대 용사의 당당한 행동은 내면의 소리에 반응한 결과로 그려진다. 내면의 소리에는 사람들을 감동시키는 진실이 담겨 있다. 허구적 세상일수록 인연과 관용과 타자 중시의 인간관계가 무엇보다 필요하다. 이것을 정리한 수필이 「해피 투게더」이다.

「해피 투게더」는 작가가 생각하는 말의 가치를 서술한 대표작에 속한다. 그는 '칭찬하는 말, 사랑을 전하는 말, 배려하는 말' 이 수필의 언어가 되어야 한다고 생각한다. 나아가 수필의 언어가 '맑은 기운이 샘솟는 옹달샘' 과 같을 때 향기로운 내면이 완성된다고 생각한다. 이러한 믿음이 있어 『남새밭의 이야기꾼』은 부드러움과 따뜻함이라는 날줄과 씨줄로 직조되고 '해피 투게더' 라는 글쓰기와 글 읽기의 공간으로 자리하게 되었다.

자화상으로서의 글쓰기

자화상으로서 수필에는 작가 고유의 인생론과 언술이 담겨진다. 성찰과 자성의 수필에는 시와 소설과 달리 작가의 외적 행동과 내면 심리가 고스란히 반영될 수밖에 없다. 그렇다하여 체험을 그림자처럼 찍어내면 수필이라고 말할 수 없다. 자전적 체험과 그 해석에 수준 이상의 문장이 어울려야 비로소 자선수필로 불릴 수 있다.

지천명의 나이를 넘긴 박정희는 자신의 수필을 비유법으로 설명한다. '지천명' 과 '거울 속 여자' 라는 인유와 비유는 완숙한 인격을 추구하려는 작가의 희망과 꿈이 담겨진 아이콘이다. 그러므로 「아홉 수」는 다람쥐 쳇바퀴 같은 일상에 권태를 느낀 작가가 배움의 길을 통해 자아를 회복하려는 몸짓을 그려낸다. 가사 일에 급급했던 "빈 껍질의 자아"에서 벗어나 자아를 재발견하려는 우화羽化가 중심주제이다. 작가는 이것이 '아홉수 지천명' 에 가져야 할 진정한 나이 값이라고 여긴다.

> 다시 그 아홉수에 걸려있다. 지천명, 하늘이 준 목숨의 길이를 가늠해야하는 때란다. 저승 갈 때 가져갈 것과 버리고 갈 것들에 대한 대차 대조표를 만들어야 한다고도 들었다. 더불어 사는 삶에 대한 고리도 더 튼튼하게 만들어야 한단다. 이젠 겉치레보다 내면을 살찌우는 일을 찾아야한다는 책속의 글귀도 눈에 띈다. 내 삶에서 진실로 소중한 것들이라고 당당하게 말할 수 있는 것들을 찾아야한다.
>
> –「아홉수」 일부

지난 10년이 '빛 좋은 개살구' 였다고 생각하는 작가는 지금부터 시작되는 10년을 '몰입의 과제' 를 수행하는 시기로 삼으려 한다. 이러한 의욕은 보다 긍정적이고 실천적인 삶을 추구하려는 작가의 모습을 구현해 준다.

미래지향적 삶을 지향하는 작가는 자기 성찰을 게을리 하지 않는다. 「거울 앞에 서서」는 '얼굴을 책임질 사람은 당신입니다.' 라는 격언이 아니라도 거울은 사람의 얼굴과 표정을 있는 그대로 보여준다. 마음 단속과 표정관리가 불가분의 관계를 맺으므로 작가는 자신의 얼굴이 굳어있는 게 두렵고 걱정스럽다. 앞만 보고 달려오면서 허둥대었던 몸짓이 거울에 고스란히 비칠 때 작가는 궁색한 변명에 앞서 미래의 자아를 재정립하려고 무던히 노력한다. 이때 그녀가 마음에 간직한 대상이 부처님이다.

> 부처님의 표정은 거울 중의 거울이다. 한참 절을 하다 다시 슬쩍 쳐다본다. 여전히 꽉 다문 입과 내리 뜬 눈이 무겁다. 주변을 원망하기보다는 변변치 않은 내 그릇을 바로 보라고 지적하시려나 보다. 그제야 마음에 걸려있던 지나온 시간을 주섬주섬 들먹거리면서 인상을 펴주시길 기도한다.
>
> -「거울 앞에 서서」 일부

우리 주변에는 얼굴을 비추어주는 거울이 매우 많다. 부처님의 표정뿐만 아니라 흐르는 냇물, 어린아이의 눈동자, 평소 만나는 사람들의 표정도 거울 역할을 한다. 사람들의 반응을 통해 우리의 생각과 행동을 되돌아 볼 수 있는 것이다. 작가가 손거울을 구입하는 이유는 자신의 얼굴을 달리보고 싶어서다.

거울에서 발견한 모습은 조급증이다. 자신도 '빨리 빨리' 는 아니라도 '습관성 조급증 증세'에 걸려 있다고 여긴다. 지금까지 시행목록을 숨 가쁘게 실천해 온 것과 달리 지금은 의식적으로 자신을 다독거려본다. 이것을 작가는 락휴樂休로 표현한다. "락휴"란 한 번에 한 가지 일만 하면서 여유로운 삶을 가지려는 자세이다.

「락휴樂休」 외에 「환승입니다」도 새로운 인생으로의 전환을 암시하는 자전성이 깔려있다. 퇴직 후 무리 없이 환승역으로 갈 수 있기를 기대하는 작가는 '조금 더 느슨하게, 조금 더 생소하게, 조금 더 자기답게'라는 진중한 자세를 가지겠다고 약속한다. 락휴의 걸음을 걷다보면 인생의 환승도 이루어질 것이라는 주제가 두 작품을 연결하고 있다.

문체론적 특징을 보여주는 작품에 「적과의 동침」이 있다. 낯설게 하기의 완결성을 이루어낸 이 작품은 안구건조증을 전투 행위에 비유한 수작에 속한다.

> 수년 전부터 자리 잡은 안구건조증이라는 빨갱이도 만만찮다. 이 녀석은 그 날 그 날의 컨디션을 대변하는 척후병이다. 내 몸이 피곤할 때면 먼저 나서서 직격탄을 날린다. 티끌이 들어간 듯이 머들거리기도 하고 날카로운 송곳으로 찌르는 듯한 공격을 가한다. 눈을 뜰 수 없어 일손을 놓을 때까지 위

세를 떨 때도 더러 있다. 한참동안 접전하다 다시 휴전상태로 들어가기를 반복한다.

–「적과의 동침」 일부

「적과의 동침」은 작가 개인의 눈에 대한 사적 글이다. 안구건조증을 군사용어로 설명함으로써 그것이 본인에게 얼마나 불편한 증상인가를 강조한다. '침략군, 점령, 세력, 테러, 방패, 교란작전, 기세, 비밀기지, 전면전, 자위대, 동맹관계' 등의 단어를 빌려와 의학적 진단을 군사작전에 일치시켜 나간다.

눈에 대한 결점을 변호하려는 글이 「안경을 벗으며」이다. 나이를 먹은 작가는 일부러 안경을 벗는다. 눈이 나쁜 사람이 안경을 벗으면 세상이 잘 보이지 않지만 마음은 오히려 편해진다. 사사건건 간섭하거나 알려는 관심도 줄어들고 대충대충 보는 것이 '웰빙 처세법'이 되기도 한다. 작가는 눈이 나쁜 것을 인성이 깊어졌다고 새롭게 해석함으로써 지천명의 자화상을 완성하고 있다.

남새밭을 위하여

박정희 수필세계는 자애와 타자애로 이루어진다. 작가는 성실한 삶을 추구하는 탄원의 발문으로서 『남새밭의 이야기꾼』에 관용과 공존의 정신을 짜넣었다. 머리말에서 "마음 깊숙이 자리하고 의식을 조종해 온 힘"에 끌렸다고 고백하듯이 이야기를 시작하는 입구가 '더 성실하게' 글을 쓰는 것이라면 마무리 출구는 '더 자기답게' 삶을 사랑하는 것이다. 체험성과 문학성 사이에 조신하게 자리한 그녀의 수필집은 건강한 자아를 재발견하려는 작가의 거울이라고 하겠다.

이러한 인생론을 터득한 박정희의 남새밭은 인생 텃밭으로서 독자들에게 삶의 지혜를 전달해 준다. 그 점에서 첫 수필집은 세상을 응시하면서 "새 촉을 갖고 각각의 존재를 존중하면서 행과 복"을 가꾸어가는 사람들을 지켜본 작가의 인생 다이어리라고 하여도 지나치지 않다.

박정희 작가는 긍정의 삶으로 생태적 자전성이 넘치는 수필세계를 구축하였다. 여유로운 관점과 활력을 제시해준 점에서 인간이 함께 살아가는 삶의 풍경을 소담하게 펼쳐낸 오감도라고 하겠다.

남새밭의 이야기꾼

인쇄일 2015년 10월 20일
발행일 2015년 10월 22일

지은이 박정희
펴낸이 박철수
펴낸곳 도서출판 해암

등록번호 제325-2001-000007호
주소 부산시 중구 백산길 17 삼성빌딩 702호
전화 051)254-2260, 2261
팩스 051)246-1895
메일 haeambook@daum.net

ISBN 978-89-6649-080-6 03810

값 13,000원

*본 도서는 2015년 부산문화재단 지역문화예술육성지원사업의 일부 지원으로 제작되었습니다.
*이 도서의 국립중앙도서관 출판예정도서목록(CIP)은 서지정보유통지원시스템 홈페이지 (http://seoji.nl.go.kr)와 국가자료공동목록시스템(http://www.nl.go.kr/kolisnet)에서 이용하실 수 있습니다. (CIP제어번호 : CIP2015028379)